Narzisstisches Verhalten erkennen

Lernen Sie, toxische Persönlichkeiten zu erkennen und sich vor ihnen zu schützen

Dale Reyes

Inhalt

Kapitel 1

Narzissmus verstehen: Die Maske der Grandiosität

Einführung

Narzissmus, ein komplexes Persönlichkeitsmerkmal, benannt nach dem griechischen Mythos von Narziss, hat in unserer modernen Gesellschaft zunehmend an Bedeutung gewonnen. Ziel dieses Kapitels ist es, ein umfassendes Verständnis des Narzissmus, seiner verschiedenen Erscheinungsformen und der zugrunde liegenden Faktoren zu vermitteln, die zu seiner Entwicklung beitragen. Wir werden das Spektrum narzisstischer Merkmale erforschen, zwischen narzisstischer Persönlichkeitsstörung und narzisstischen Tendenzen unterscheiden und die Ursprünge des Narzissmus durch die Linse von Natur versus Erziehung untersuchen. Indem wir uns eingehend mit diesen Aspekten befassen, können wir beginnen, die komplexe Natur des Narzissmus und seine tiefgreifenden Auswirkungen auf den Einzelnen und die Gesellschaft insgesamt zu entschlüsseln.

Das Spektrum narzisstischer Merkmale

Narzissmus existiert auf einem Kontinuum, das von gesundem Selbstwertgefühl bis hin zu pathologischem Narzissmus reicht. Es ist wichtig zu verstehen, dass jeder ein gewisses Maß an narzisstischen Zügen besitzt, da ein gewisses Maß an Selbstliebe und Selbstvertrauen für ein gesundes psychologisches Funktionieren notwendig ist. Wenn diese Eigenschaften jedoch übertrieben werden und sich negativ auf die Beziehungen und das tägliche Leben auswirken, können sie als problematisch angesehen werden.

a) Gesunder Narzissmus

Am unteren Ende des Spektrums ist gesunder Narzissmus gekennzeichnet durch:

- Realistisches Selbstwertgefühl: Der Einzelne hat eine ausgewogene Sicht auf seinen Wert, ohne ihn zu erhöhen oder zu mindern.

- Fähigkeit, sich in andere hineinzuversetzen: Sie können die Gefühle anderer verstehen und teilen, ohne ihr Selbstbewusstsein zu verlieren.

- Fähigkeit zur Selbstreflexion und zum persönlichen Wachstum: Es besteht Offenheit für Feedback und die Bereitschaft, sich zu verbessern.

- Ausgewogene Sicht auf die eigenen Stärken und Schwächen: Sie erkennen sowohl ihre Fähigkeiten als auch ihre Grenzen an.

- Fähigkeit, sinnvolle Beziehungen aufzubauen und aufrechtzuerhalten: Gesunde Narzissten können sich auf für beide Seiten vorteilhafte und befriedigende zwischenmenschliche Beziehungen einlassen.

b) Subklinischer Narzissmus

Der subklinische Narzissmus umfasst im gesamten Spektrum:

- Überhöhtes Selbstwertgefühl: Einzelpersonen können ihre Fähigkeiten oder Beiträge überschätzen.

- Beschäftigung mit Fantasien von Erfolg, Macht oder Schönheit: Sie träumen oft davon, Größe zu erreichen oder als überlegen anerkannt zu werden.

- Glaube an die eigene Einzigartigkeit oder den besonderen Status: Es besteht die Tendenz, sich selbst als anders oder besser als andere zu sehen.

- Bedürfnis nach Bewunderung und Aufmerksamkeit: Sie suchen überdurchschnittlich häufig Bestätigung und Lob von anderen.

- Schwierigkeiten, Kritik anzunehmen: Konstruktives Feedback kann als persönlicher Angriff empfunden werden.

- Tendenz, andere zum persönlichen Vorteil auszunutzen: Sie manipulieren möglicherweise Situationen oder Menschen zu ihrem Vorteil.

c) Pathologischer Narzissmus

Am äußersten Ende des Spektrums umfasst der pathologische Narzissmus:

- Überhebliches Selbstwertgefühl: Es besteht ein übertriebenes Selbstwertgefühl und ein übertriebenes Selbstwertgefühl, oft bis hin zur Täuschung.

- Beschäftigung mit grenzenlosem Erfolg, Macht oder Schönheit: Größenphantasien dominieren ihre Gedanken und bestimmen ihr Handeln.

- Glaube an die eigene Überlegenheit und Erwartung einer Sonderbehandlung: Sie haben das Gefühl,

Anspruch auf Privilegien und Ausnahmen von Regeln zu haben, die für andere gelten.

- Mangelndes Einfühlungsvermögen für andere: Es besteht eine erhebliche Unfähigkeit, die Gefühle und Bedürfnisse anderer zu erkennen oder sich mit ihnen zu identifizieren.

- Starker Neid auf andere oder der Glaube, dass andere neidisch auf sie sind: Sie begehren entweder das, was andere haben, oder gehen davon aus, dass andere eifersüchtig auf sie sein müssen.

- Arrogante Verhaltensweisen oder Einstellungen: Sie zeigen ein herablassendes oder herablassendes Verhalten gegenüber anderen.

Das Verständnis dieses Spektrums ist entscheidend, um narzisstische Verhaltensweisen bei sich selbst und anderen zu erkennen und festzustellen, wann diese Merkmale problematisch oder sogar pathologisch werden. Es ist wichtig zu beachten, dass Menschen in verschiedenen Aspekten ihres Lebens oder zu unterschiedlichen Zeiten unterschiedliche Grade von Narzissmus an den Tag legen können.

Narzisstische Persönlichkeitsstörung vs. narzisstische Tendenzen

Während viele Menschen narzisstische Tendenzen aufweisen können, handelt es sich bei der narzisstischen Persönlichkeitsstörung (NPD) um eine spezifische psychische Erkrankung, von der etwa 1 % der Gesamtbevölkerung betroffen ist. Das Verständnis der Unterscheidung zwischen NPD und narzisstischen Tendenzen ist entscheidend für eine genaue Identifizierung und angemessene Intervention.

a) Narzisstische Persönlichkeitsstörung (NPD)

NPD ist eine formelle Diagnose im Diagnostic and Statistical Manual of Mental Disorders (DSM-5). Um mit NPD diagnostiziert zu werden, muss eine Person mindestens fünf der folgenden Kriterien erfüllen:

1. Grandioses Selbstwertgefühl

2. Beschäftigung mit Fantasien von unbegrenztem Erfolg, Macht, Brillanz, Schönheit oder idealer Liebe.

3. Der Glaube, dass sie besonders und einzigartig sind und nur von anderen besonderen oder hochrangigen Personen oder Institutionen verstanden werden können oder mit ihnen in Verbindung gebracht werden sollten.

4. Bedürfnis nach übermäßiger Bewunderung.

5. Anspruchsgefühl.

6. Zwischenmenschlich ausbeuterisches Verhalten.

7. Mangel an Empathie.

8. Neid auf andere oder der Glaube, dass andere neidisch auf sie sind.

9. Demonstration arroganter, hochmütiger Verhaltensweisen oder Einstellungen.

<u>Es ist wichtig zu beachten, dass diese Symptome sein müssen:</u>

- Beständig und allgegenwärtig in verschiedenen Kontexten.

- Im Laufe der Zeit stabil.

- Verursacht erhebliche Belastungen oder Beeinträchtigungen in sozialen, beruflichen oder anderen wichtigen Funktionsbereichen.

<u>Personen mit NPD erleben häufig:</u>

- Schwierigkeiten, gesunde Beziehungen aufrechtzuerhalten.

- Erhöhtes Risiko für Depressionen und Angstzustände.

- Probleme bei der Arbeit oder im akademischen Umfeld.

- Höhere Wahrscheinlichkeit eines Drogenmissbrauchs.

- Erhöhtes Risiko für Selbstmordgedanken oder Selbstmordverhalten, insbesondere wenn man mit vermeintlichen Misserfolgen oder Ablehnungen konfrontiert wird.

b) Narzisstische Tendenzen

Narzisstische Tendenzen hingegen beziehen sich auf Merkmale oder Verhaltensweisen, die mit Narzissmus übereinstimmen, aber nicht alle

Kriterien für NPD erfüllen. Diese Tendenzen können sein:

- Situativ: Tritt in bestimmten Kontexten oder unter bestimmten Umständen auf.

- Vorübergehend: Tritt in bestimmten Lebensphasen oder als Reaktion auf bestimmte Ereignisse auf.

- Weniger schwerwiegend: Keine wesentliche Beeinträchtigung der täglichen Funktionsfähigkeit.

<u>Beispiele für narzisstische Tendenzen sind:</u>

- Gelegentlich auf der Suche nach übermäßiger Bestätigung oder Aufmerksamkeit.

- Perioden überhöhten Selbstwertgefühls oder Grandiosität.

- Zeitweilige Schwierigkeiten mit Empathie oder Rücksichtnahme auf andere.

- Sporadischer Anspruch oder Erwartung einer Sonderbehandlung.

<u>Hauptunterschiede zwischen NPD und narzisstischen Tendenzen:</u>

1. Schweregrad und Verbreitung: NPD-Symptome sind schwerwiegender und treten in verschiedenen Lebensbereichen auf, während Tendenzen auf bestimmte Bereiche oder Situationen beschränkt sein können.

2. Stabilität: NPD ist ein langfristiges Persönlichkeitsmuster, wobei Tendenzen schwanken oder vorübergehend sein können.

3. Auswirkungen auf die Funktionsfähigkeit: NPD beeinträchtigt die sozialen, beruflichen oder anderen wichtigen Funktionsbereiche erheblich, während Tendenzen zu weniger schwerwiegenden oder isolierteren Problemen führen können.

4. Flexibilität: Menschen mit narzisstischen Tendenzen sind möglicherweise offener für Selbstreflexion und Veränderung, während Menschen mit NPD oft Schwierigkeiten haben, ihr Verhalten als problematisch zu erkennen.

5. Empathie: Während beide mit Empathie zu kämpfen haben, leiden Menschen mit NPD im Vergleich zu Menschen mit narzisstischen Tendenzen an einem tieferen und anhaltenderen Mangel an Empathie.

Das Verständnis dieser Unterscheidungen ist aus mehreren Gründen von entscheidender Bedeutung:

- Genaue Identifizierung und Bewertung.

- Angemessene Behandlungsansätze.

- Realistische Erwartungen an eine Verhaltensänderung.

- Angemessene Unterstützung für Personen, die von narzisstischem Verhalten betroffen sind, sei es ihr eigenes oder das anderer.

Die Ursprünge des Narzissmus: Natur vs. Erziehung

Die Entwicklung narzisstischer Merkmale und NPD ist ein komplexes Zusammenspiel zwischen genetischer Veranlagung (Natur) und Umweltfaktoren (Pflege). Das Verständnis dieser Ursprünge kann Einblicke in die Entstehung narzisstischer Verhaltensweisen und mögliche Wege zur Prävention oder Intervention geben.

a) Natur: Genetische und biologische Faktoren

Untersuchungen deuten darauf hin, dass Narzissmus eine vererbbare Komponente hat. Studien deuten darauf hin:

1. Genetischer Einfluss: Zwillingsstudien haben gezeigt, dass genetische Faktoren etwa 50–60 % der Varianz narzisstischer Merkmale ausmachen.

2. Neurobiologische Unterschiede: Untersuchungen zur Bildgebung des Gehirns haben Unterschiede in der Struktur und Funktion bestimmter Gehirnregionen bei Personen mit NPD aufgedeckt, darunter:

- Reduziertes Volumen der grauen Substanz in Bereichen, die mit Empathie und emotionaler Regulierung verbunden sind.

- Veränderte Aktivität in der vorderen Insula und dem vorderen cingulären Kortex, Regionen, die an der Selbstwahrnehmung und emotionalen Verarbeitung beteiligt sind.

3. Temperament: Bestimmte angeborene Persönlichkeitsmerkmale, wie z. B. eine hohe Empfindlichkeit gegenüber Ablehnung oder ein starkes Bedürfnis nach Bewunderung, können dazu

führen, dass Menschen narzisstische Züge entwickeln.

4. Hormonelle Faktoren: Einige Untersuchungen deuten auf einen möglichen Zusammenhang zwischen hormonellen Ungleichgewichten, insbesondere bei Testosteron und Cortisol, und narzisstischen Merkmalen hin. Es sind jedoch weitere Studien erforderlich, um diese Zusammenhänge zu bestätigen.

b) Ernährung: Umwelt- und Entwicklungsfaktoren

Umwelteinflüsse spielen eine bedeutende Rolle bei der Entwicklung narzisstischer Merkmale und NPD. Zu den Schlüsselfaktoren gehören:

1. Erziehungsstile:

- Übermäßiges Lob und Überbewertung: Einem Kind ständig sagen, es sei etwas Besonderes oder Überlegenes, ohne jede Grundlage.

- Mangelnde Wärme und emotionale Vernachlässigung: Keine konsequente emotionale Unterstützung und Bestätigung.

- Inkonsistente Erziehung: Wechsel zwischen übermäßigem Genuss und Vernachlässigung.

- Autoritäre Erziehung: Übermäßig kontrollierendes oder forderndes Verhalten der Eltern.

2. Kindheitserlebnisse:

- Trauma oder Missbrauch: Körperlicher, emotionaler oder sexueller Missbrauch kann als Bewältigungsmechanismus zur Entwicklung narzisstischer Züge beitragen.

- Übermäßige Verwöhnung: Als „besonders" behandelt werden oder übermäßige Privilegien ohne entsprechende Verantwortung erhalten.

- Mangel an angemessenen Grenzen: Nicht lernen, die Bedürfnisse und Grenzen anderer zu respektieren.

3. Soziokulturelle Einflüsse:

- Kultureller Schwerpunkt auf Individualismus und Eigenwerbung.

- Soziale Medien und das „kuratierte Selbst": Der Druck, online ein idealisiertes Bild zu präsentieren

- Promi-Kultur und die Verherrlichung von Reichtum und Status

4. Beziehungen zu Gleichaltrigen:

- Mobbingerfahrungen (entweder als Opfer oder Täter)

- Soziale Ablehnung oder Isolation.

- Übermäßige Bewunderung durch Gleichaltrige.

5. Frühe Erfolge und Erfolge:

- Als „begabt" oder „besonders" abgestempelt werden, ohne ein realistisches Selbstbild zu entwickeln.

- Früher akademischer oder sportlicher Erfolg, ohne zu lernen, mit Misserfolgen oder Kritik umzugehen.

c) Das Zusammenspiel von Natur und Ernährung

Die Entwicklung narzisstischer Merkmale oder NPD ist wahrscheinlich das Ergebnis einer komplexen Wechselwirkung zwischen genetischer Veranlagung und Umweltfaktoren. Diese Interaktion kann Folgendes umfassen:

1. Gen-Umwelt-Korrelation: Personen mit einer genetischen Veranlagung für narzisstische Merkmale neigen möglicherweise eher dazu, Umgebungen zu suchen oder zu schaffen, die diese Merkmale verstärken.

2. Epigenetische Effekte: Umweltfaktoren können die Genexpression beeinflussen und möglicherweise Gene aktivieren oder unterdrücken, die mit narzisstischen Merkmalen zusammenhängen.

3. Neuroplastizität: Frühe Erfahrungen können die Entwicklung des Gehirns beeinflussen und möglicherweise die mit narzisstischen Verhaltensweisen verbundenen Nervenbahnen verstärken.

4. Kumulative Auswirkungen: Mehrere Risikofaktoren (sowohl genetische als auch umweltbedingte) können sich im Laufe der Zeit anhäufen und die Wahrscheinlichkeit erhöhen, narzisstische Merkmale oder NPD zu entwickeln.

Das Verständnis der Ursprünge des Narzissmus ist aus mehreren Gründen von entscheidender Bedeutung:

1. Prävention: Die Identifizierung von Risikofaktoren kann bei der Entwicklung frühzeitiger Interventionsstrategien hilfreich sein, insbesondere in den Bereichen Elternschaft und Bildung.

2. Behandlungsansätze: Das Erkennen des komplexen Zusammenspiels von Faktoren kann zu wirksameren therapeutischen Interventionen für Personen mit narzisstischen Merkmalen oder NPD führen.

3. Empathie und Verständnis: Das Wissen um die möglichen Ursachen narzisstischer Verhaltensweisen kann Mitgefühl für die Betroffenen fördern und gleichzeitig angemessene Grenzen wahren.

4. Selbsterkenntnis: Für Menschen mit narzisstischen Tendenzen kann das Verständnis dieser Ursprünge ein erster Schritt zur Selbstreflexion und möglichen Veränderung sein.

5. Gesellschaftliche Auswirkungen: Das Erkennen kultureller und sozialer Faktoren, die zum Narzissmus beitragen, kann zu breiteren Diskussionen über Werte, Bildung und die Nutzung sozialer Medien führen.

Zusammenfassend lässt sich sagen, dass die Entwicklung narzisstischer Merkmale und NPD ein vielschichtiger Prozess ist, an dem sowohl genetische Veranlagung als auch Umwelteinflüsse beteiligt sind. Wenn wir diese Ursprünge verstehen, können wir narzisstische Verhaltensweisen bei uns selbst und anderen besser erkennen, verhindern und bekämpfen und so gesündere Beziehungen und eine ausgeglichenere Selbstwahrnehmung fördern.

Kapitel 2

Der Werkzeugkasten des Narzissten: Manipulationstaktiken enthüllt

Als Sarah ihre Wohnung betrat, wurde sie das Gefühl nicht los, dass etwas nicht stimmte. Ihr Freund Mark hatte sich in letzter Zeit seltsam verhalten, und sie konnte nicht genau sagen, warum. Sie wusste nicht, dass sie sich auf eine Reise begeben würde, die die dunklen Schattenseiten narzisstischer Manipulation enthüllen würde.

Gaslighting: Verzerrung Ihrer Realität

Sarahs Geschichte beginnt mit subtilen Veränderungen in ihrer Umgebung. Sie bemerkt, dass ihre Lieblingstasse an ihrem üblichen Platz fehlt. Als sie Mark danach fragt, besteht er darauf, dass es nie da war. „Sie müssen sich Dinge einbilden", sagt er mit einem abweisenden Lachen. Dies ist erst der Anfang einer kalkulierten Gaslighting-Kampagne.

Gaslighting ist eine heimtückische Form der psychologischen Manipulation, bei der der Narzisst darauf abzielt, Zweifel im Geist seines Opfers zu säen und es dazu zu bringen, sein eigenes Gedächtnis, seine Wahrnehmung und seinen Verstand in Frage zu stellen. Der Begriff geht auf das Bühnenstück „Gas Light" aus dem Jahr 1938 und seine Verfilmungen zurück, in dem ein Ehemann seine Frau so manipuliert, dass sie glaubt, sie würde verrückt.

Im Laufe der Tage ist Sarah zunehmend verwirrt. Mark bestreitet die Gespräche, die sie geführt haben, wirft ihr vor, wichtige Termine zu vergessen, und ordnet sogar Gegenstände in ihrem gemeinsamen Raum neu, nur um dann zu behaupten, das sei schon immer so gewesen. Durch die ständige Verleugnung ihrer Realität fühlt sich Sarah desorientiert und unsicher.

<u>Zu den Gaslighting-Techniken gehören häufig:</u>
1. Leugnen von Ereignissen oder Gesprächen, die stattgefunden haben
2. Die Gefühle des Opfers trivialisieren
3. Die Schuld auf das Opfer abwälzen

4. Einsatz von Verwirrungstaktiken, um das Opfer zu desorientieren

5. Das eigene Verhalten auf das Opfer projizieren

<u>Die Auswirkungen von Gaslighting können verheerend sein. Opfer erleben oft:</u>
- Chronischer Selbstzweifel
- Schwierigkeiten, Entscheidungen zu treffen
- Ständige Entschuldigung
- Das Gefühl, dass sie „verrückt werden"
- Isolation von Freunden und Familie

Während Sarah sich mit ihrer sich verändernden Realität auseinandersetzt, beginnt sie, an ihren eigenen Wahrnehmungen und Erinnerungen zu zweifeln. Diese Selbstzweifel machen sie anfälliger für Marks andere Manipulationstaktiken.

Love Bombing: Die Kunst der sofortigen Verliebtheit

Spulen Sie zurück zum Anfang der Beziehung zwischen Sarah und Mark. Ihre turbulente Romanze schien wie ein wahr gewordenes Märchen. Mark überschüttete Sarah mit Aufmerksamkeit, Zuneigung und großen Gesten der Liebe. Diese intensive, alles verzehrende Liebeswerbung ist ein klassisches Beispiel für Love-Bombing.

Love Bombing ist eine Manipulationstaktik, bei der der Narzisst sein Ziel zu Beginn der Beziehung mit übermäßiger Zuneigung, Aufmerksamkeit und Verehrung überschüttet. Dadurch entsteht ein Gefühl der sofortigen Verbundenheit und Verliebtheit, wodurch sich das Opfer besonders und geschätzt fühlt.

<u>Zu Marks Love-Bombing-Kampagne gehörten:</u>
1. Ständige Textnachrichten und Telefonanrufe
2. Üppige Geschenke und Überraschungsgesten
3. Liebeserklärungen und Gespräche über eine gemeinsame Zukunft innerhalb weniger Wochen nach dem Treffen
4. Sarahs Interessen und Wünsche widerspiegeln
5. Sie frühzeitig Freunden und Familie vorstellen

Die Intensität des Liebesbombardements kann berauschend sein. Es löst eine Flut von Wohlfühlhormonen wie Dopamin und Oxytocin aus und schafft eine biochemische Bindung, die schwer zu brechen sein kann. Dieses emotionale Hoch erschwert es dem Opfer, Warnsignale zu erkennen oder gesunde Grenzen einzuhalten.

Love Bombing ist jedoch nicht nachhaltig. Sobald der Narzisst das Gefühl hat, die Zuneigung seines Ziels gesichert zu haben, weicht die übermäßige Aufmerksamkeit oft Rückzug, Kritik und emotionaler Vernachlässigung. Dieser plötzliche Wandel kann dazu führen, dass sich das Opfer verwirrt fühlt und verzweifelt versucht, das anfängliche „Hoch" der Beziehung wiederzuerlangen.

Als Sarah über die Anfänge ihrer Beziehung mit Mark nachdenkt, wird ihr klar, wie schnell die Dinge vorangegangen sind und wie die intensive Zuneigung nun durch Kritik und emotionale Distanz ersetzt wurde.

Triangulation: Eifersucht und Unsicherheit erzeugen

Als Sarah sich der Manipulation in ihrer Beziehung bewusster wird, bemerkt sie ein weiteres beunruhigendes Muster. Mark bringt seine Ex-Freundin im Gespräch häufig zur Sprache und vergleicht Sarah negativ mit ihr. Außerdem flirtet er offen mit ihrer gemeinsamen Freundin Amy, wann immer die drei zusammen sind. Dies ist ein klassisches Beispiel für Triangulation.

Triangulation ist eine Manipulationstaktik, bei der der Narzisst eine dritte Person in die Dynamik der Beziehung einbezieht, um Eifersucht, Unsicherheit und Konkurrenz zu erzeugen. Diese dritte Person kann ein Ex-Partner, ein Freund, ein Arbeitskollege oder sogar ein Fremder sein.

<u>Zu den Zielen der Triangulation gehören:</u>
1. Ein Gefühl des Wettbewerbs um die Aufmerksamkeit und Zuneigung des Narzissten schaffen

2. Eifersucht und Unsicherheit beim Hauptpartner wecken

3. Die Aufmerksamkeit von den eigenen Mängeln des Narzissten ablenken

4. Behalten Sie die Kontrolle, indem Sie das Opfer aus dem Gleichgewicht bringen

5. Das Ego des Narzissten stärken, indem man seine Begehrlichkeit zur Schau stellt

<u>Im Fall von Sarah verwendet Mark mehrere Triangulationstechniken:</u>

1. Ständige Erwähnung seiner Ex-Freundin und ihrer „besonderen Verbindung"
2. Flirten mit Amy vor Sarah
3. Sarah negativ mit anderen Frauen vergleichen
4. Ermutigen Sie Sarah, mehr wie bestimmte Freunde oder Prominente zu sein
5. Hinweis auf potenzielles Interesse von Kollegen oder Bekannten

Die Auswirkungen der Triangulation auf Sarah sind tiefgreifend. Sie versucht ständig, sich mit diesen vermeintlichen Rivalen zu messen und ändert ihr Verhalten und Aussehen, um sich Marks Zuneigung zu sichern. Dadurch entsteht ein Kreislauf aus Angst, Selbstzweifeln und emotionaler Erschöpfung.

Triangulation kann auch über romantische Beziehungen hinausgehen. Narzissten können diese Taktik in familiären, freundschaftlichen oder beruflichen Situationen anwenden, um die Kontrolle zu behalten und andere zu manipulieren.

Als Sarah sich dieser Manipulationstaktiken bewusst wird, beginnt sie, das umfassendere Muster narzisstischen Verhaltens in ihrer Beziehung zu Mark zu erkennen. Das Gaslighting hat dazu geführt, dass sie an ihren eigenen Wahrnehmungen zweifelt, die Nachwirkungen des Love-Bombings haben dazu geführt, dass sie sich nach der anfänglichen Intensität der Beziehung sehnt, und die Triangulation hat zu einem ständigen Zustand der Unsicherheit und des Wettbewerbs geführt.

Das Zusammenspiel von Manipulationstaktiken

Es ist wichtig zu beachten, dass diese Manipulationstaktiken selten isoliert auftreten. Narzissten nutzen oft eine Kombination dieser Strategien, um die Kontrolle über ihre Opfer zu behalten und sie aus dem Gleichgewicht zu bringen. Zum Beispiel:

1. Love-Bombing kann eingesetzt werden, um ein Opfer nach einem besonders intensiven Anfall von Gaslighting wieder einzufangen.
2. Triangulation kann verwendet werden, um das Gaslighting zu verstärken, indem der Narzisst jegliches unangemessene Verhalten gegenüber dem Dritten leugnet.
3. Die Rückzugsphase nach dem Liebesbombenangriff kann die Voraussetzungen für

eine effektivere Gasbeleuchtung und Triangulation schaffen.

Durch dieses Zusammenspiel verschiedener Taktiken entsteht ein komplexes Manipulationsnetz, das für Opfer schwer zu navigieren oder gar zu erkennen sein kann.

Die Auswirkungen auf die Opfer

Die kumulative Wirkung dieser Manipulationstaktiken kann schwerwiegend und langanhaltend sein. Opfer erleben oft:

1. Chronische Angstzustände und Depressionen
2. Geringes Selbstwertgefühl und Selbstzweifel
3. Schwierigkeiten, anderen zu vertrauen und gesunde Beziehungen aufzubauen
4. Posttraumatische Belastungsstörung (PTBS)
5. Körperliche Gesundheitsprobleme aufgrund von chronischem Stress
Als Sarah beginnt, die Manipulation in ihrer Beziehung aufzudecken, erlebt sie eine Reihe von Emotionen – Wut darüber, getäuscht zu werden, Trauer um die Beziehung, die sie zu haben glaubte,

und Angst davor, in Zukunft ihrem eigenen Urteil vertrauen zu können.

Befreiung von narzisstischer Manipulation

Das Erkennen dieser Manipulationstaktiken ist der erste Schritt, um aus einer narzisstischen Beziehung auszubrechen. Für Sarah ist dieses Bewusstsein sowohl stärkend als auch überwältigend. Sie erkennt, dass sie Folgendes tun muss:

1. Vertraue ihren eigenen Wahrnehmungen und Erfahrungen
2. Setzen Sie feste Grenzen und halten Sie diese ein
3. Suchen Sie Unterstützung bei Freunden, Familie oder einem Therapeuten
4. Informieren Sie sich über narzisstischen Missbrauch und Manipulation
5. Entwickeln Sie einen Sicherheitsplan für den Fall, dass sie sich entscheidet, die Beziehung zu verlassen

Der Weg zur Genesung von narzisstischem Missbrauch ist oft lang und herausfordernd, aber mit Bewusstsein, Unterstützung und Selbstmitgefühl ist es möglich, das eigene Selbstbewusstsein zu heilen und zurückzugewinnen.

Abschluss

Wie Sarahs Geschichte zeigt, können die von NarzisstInnen angewandten Manipulationstaktiken subtil, allgegenwärtig und zutiefst schädlich sein. Gaslighting, Love Bombing und Triangulation sind nur einige Werkzeuge im Werkzeugkasten des Narzissten, aber sie sind mächtige Waffen zur Kontrolle und Manipulation.

Wenn wir diese Taktiken verstehen, können wir uns und andere besser vor narzisstischem Missbrauch schützen. Es ist wichtig, sich daran zu erinnern, dass niemand es verdient, manipuliert oder missbraucht zu werden, und dass Hilfe für diejenigen verfügbar ist, die sich in solchen Situationen befinden.

Während wir unsere Erforschung narzisstischer Verhaltensweisen vorantreiben, werden wir tiefer in die Denkweise des Narzissten, die Auswirkungen seiner Handlungen auf andere und Strategien zur Heilung und Genesung eintauchen. Sarahs Reise des Bewusstseins und der Heilung steht erst am Anfang, aber sie stellt einen entscheidenden Schritt dar, ihr Leben und ihr Selbstbewusstsein zurückzugewinnen.

Kapitel 3

Warnsignale in Beziehungen: Den Narzissten frühzeitig erkennen

Während Sarah ihre Reise der Selbstfindung und Heilung fortsetzt, beginnt sie, über die frühen Phasen ihrer Beziehung mit Mark nachzudenken. Mit ihrem neu entdeckten Bewusstsein für narzisstische Verhaltensweisen beginnt sie, die Warnsignale zu erkennen, die von Anfang an vorhanden waren, die sie aber entweder übersehen oder falsch interpretiert hatte. Dieses Kapitel untersucht diese Frühwarnzeichen und liefert wertvolle Erkenntnisse zur Erkennung narzisstischer Tendenzen, bevor man sich tief in eine toxische Beziehung verstrickt.

Die Charme-Offensive: Zu schön um wahr zu sein?

Sarah erinnert sich an die turbulente Romanze, die den Beginn ihrer Beziehung mit Mark kennzeichnete. Er begeisterte sie mit großen Gesten, überschwänglichen Komplimenten und dem Versprechen einer perfekten gemeinsamen Zukunft. Dieses Phänomen, das oft als „Love Bombing" bezeichnet wird, ist eine gängige Taktik von Narzissten, um schnell eine intensive emotionale Verbindung aufzubauen.

<u>Zu den Kernaspekten der Charme-Offensive gehören:</u>

1. Übermäßige Schmeichelei: Mark lobte Sarah ständig und sagte ihr, sie sei die schönste, intelligenteste und erstaunlichste Frau, die er je getroffen habe. Während sich das zunächst berauschend anfühlte, erkennt Sarah nun, dass diese Komplimente oft übertrieben waren und es ihnen an Aufrichtigkeit mangelte.

2. Schnelle Beziehungsentwicklung: Schon wenige Wochen nach dem Treffen sprach Mark über ihre gemeinsame Zukunft, einschließlich Ehe und Kinder. Diese beschleunigte Zeitachse hinterließ bei Sarah sowohl ein Gefühl der Aufregung als auch eine leichte Überwältigung.

3. Spiegelung: Mark schien alle Interessen und Werte von Sarah zu teilen, was die Illusion perfekter Kompatibilität erzeugte. Im Nachhinein erkennt Sarah, dass er ihr lediglich ihre eigenen Vorlieben widerspiegelte.

4. Große romantische Gesten: Überraschende Wochenendausflüge, teure Geschenke und aufwändige Verabredungen prägten ihre frühe Beziehung. Während sich diese Gesten damals romantisch anfühlten, betrachtet Sarah sie heute als kalkulierte Schritte, um ein Gefühl der Verpflichtung und Schuld zu erzeugen.

5. Ständige Kommunikation: Mark bombardierte Sarah mit SMS, Anrufen und Social-Media-Interaktionen und stellte so eine intensive Verbindung her, die an Besessenheit grenzte.

6. Zukunftsfälschung: Mark machte zahlreiche Versprechungen über ihre gemeinsame Zukunft und zeichnete ein Bild eines idyllischen Lebens, das zu schön schien, um wahr zu sein – weil es so war.

Die Charme-Offensive ist darauf ausgelegt, schnell eine starke emotionale Bindung aufzubauen, sodass es für das Ziel schwierig wird, etwaige Warnsignale zu erkennen, die später auftauchen könnten. Sarah wird klar, dass echte Anziehung und Aufregung in neuen Beziehungen zwar normal sind, die Intensität und Geschwindigkeit von Marks Charmeoffensive jedoch tatsächlich Frühwarnzeichen waren.

Mangel an Empathie: Das verräterische Zeichen

Während Sarah ihre Beziehung zu Mark weiter analysiert, erkennt sie, dass einer der größten Warnsignale sein anhaltender Mangel an Empathie war. Diese Unfähigkeit, die Gefühle anderer wirklich zu verstehen oder mitzuteilen, ist ein Kennzeichen einer narzisstischen Persönlichkeitsstörung.

<u>Beispiele für Marks mangelndes Einfühlungsvermögen waren:</u>

1. Sarahs Gefühle abtun: Wann immer Sarah Traurigkeit, Angst oder negative Emotionen zum Ausdruck brachte, trivialisierte Mark ihre Gefühle oft oder sagte ihr, sie solle „einfach darüber hinwegkommen".

2. Alles über sich selbst machen: Selbst wenn Sarah schwierige Zeiten durchmachte, wie zum Beispiel den Verlust eines Familienmitglieds, fand Mark einen Weg, die Situation auf seine eigenen Erfahrungen oder Bedürfnisse auszurichten.

3. Unfähigkeit, sich aufrichtig zu entschuldigen: In den seltenen Fällen, in denen Mark sich entschuldigte, fühlte es sich immer hohl an und oft folgten Rechtfertigungen oder Versuche, die Schuld abzuwälzen.

4. Mangelndes Interesse an Sarahs Leben: Während er zunächst von jedem Detail von Sarahs Leben fasziniert zu sein schien, verlor Mark schnell das Interesse an ihren alltäglichen Erfahrungen, Kämpfen und Erfolgen.

5. Unfähigkeit, mit Kritik umzugehen: Jeder Versuch, konstruktives Feedback zu geben oder Unzufriedenheit auszudrücken, wurde mit Wut, Abwehrhaltung oder emotionalem Rückzug beantwortet.

6. Schadenfreude: Sarah bemerkte, dass Mark oft Freude am Unglück anderer zu haben schien, darunter auch an Freunden und Familienmitgliedern.

7. Mangelnde Rücksichtnahme auf Sarahs Bedürfnisse: Ob es darum ging, Pläne zu schmieden, ohne sie zu konsultieren, oder ihre Vorlieben außer Acht zu lassen, Mark gab seinen eigenen Wünschen stets Vorrang vor denen von Sarah.

Dieser Mangel an Empathie ging über ihre Beziehung hinaus. Sarah erinnert sich an Fälle, in denen Mark sich gegenüber dem Servicepersonal gefühllos zeigte, unsensible Kommentare zum Unglück anderer abgab oder es versäumte, Freunde in Not zu unterstützen.

Das Erkennen dieses Empathiedefizits ist entscheidend, um narzisstische Tendenzen frühzeitig in einer Beziehung zu erkennen. Während jeder Momente der Egozentrik hat, ist ein anhaltendes Muster von Empathieversagen ein deutliches Warnsignal.

Anspruch und Grandiosität: Die Welt dreht sich um sie

Ein weiteres großes Warnsignal, das Sarah jetzt in ihrer Beziehung zu Mark erkennt, war sein allgegenwärtiges Anspruchsgefühl und seine Grandiosität. Diese Merkmale, die für die narzisstische Persönlichkeitsstörung von zentraler Bedeutung sind, manifestierten sich im Laufe ihrer Beziehung auf unterschiedliche Weise.

<u>Zu den wichtigsten Aspekten von Marks Anspruch und Grandiosität gehörten:</u>

1. Übertriebenes Selbstwertgefühl: Mark stellte sich immer wieder als überlegen gegenüber anderen dar und prahlte oft mit seinen Leistungen, seiner Intelligenz oder seinen körperlichen Eigenschaften. Er machte häufig Aussagen wie: „Niemand versteht dieses Thema so gut wie ich" oder „Ich bin wahrscheinlich der beste Mitarbeiter, den sie je hatten."

2. Beschäftigung mit Fantasien von unbegrenztem Erfolg: Mark sprach oft in grandiosen Worten über seine Zukunft und beschrieb, wie er CEO, Millionär oder eine berühmte Persönlichkeit des öffentlichen Lebens werden würde, obwohl es ihm an konkreten Plänen oder Qualifikationen mangelte, um diese Ziele zu erreichen.

3. Glaube an seine eigene Einzigartigkeit: Mark hielt sich für etwas Besonderes und glaubte, dass er nur von anderen besonderen oder hochrangigen

Personen verstanden werden oder mit ihnen in Kontakt treten sollte. Er blickte oft auf Sarahs Freunde und Familie herab und hielt sie für unter seiner Würde.

4. Bedürfnis nach ständiger Bewunderung: Sarah lobte und bestätigte Mark ständig. Wenn sie ihr nicht genügend Bewunderung entgegenbrachte, wurde er launisch oder zog sich zurück oder suchte die Aufmerksamkeit anderer.

5. Anspruchsdenken: Mark erwartete in allen Situationen eine Vorzugsbehandlung. Er wurde wütend, wenn er in der Schlange stehen musste, wenn ein Restaurant seine Last-Minute-Reservierung nicht entgegennehmen konnte oder wenn er bei der Arbeit keine Vorzugsbehandlung erhielt.

6. Zwischenmenschliche Ausbeutung: Mark nutzte oft andere, um seine eigenen Ziele zu erreichen. Er bezauberte Menschen, wenn er etwas von ihnen brauchte, und verwarf sie dann, wenn sie nicht mehr nützlich waren.

7. Mangel an Grenzen: Mark fühlte sich berechtigt, Sarahs Zeit, Energie und Ressourcen zu nutzen. Er

stellte oft Forderungen, ohne Rücksicht auf ihre Bedürfnisse oder ihren Zeitplan zu nehmen.

8. Unfähigkeit, mit Kritik oder Versagen umzugehen: Jede wahrgenommene Beleidigung oder jedes Versagen würde zu Wut, Schuldzuweisungen oder anhaltendem Schmollen führen. Mark konnte niemals zugeben, dass er falsch lag oder einen Fehler machte.

9. Arrogante Verhaltensweisen und Einstellungen: Marks Umgang mit anderen war oft von Hochmut, herablassender Haltung und einer allgemeinen Aura der Überlegenheit geprägt.

10. Erwartung bedingungsloser Befolgung: Mark erwartete von Sarah und anderen, dass sie seinen Wünschen ohne Fragen nachkamen. Jeder Widerstand wurde mit Wut oder Manipulation beantwortet.

Sarah erinnert sich an bestimmte Vorfälle, die diese Merkmale hervorheben:

- Bei der Hochzeit eines Freundes beschwerte sich Mark ununterbrochen darüber, dass er nicht am Haupttisch saß, obwohl er das Paar kaum kannte.

- Als Sarah bei der Arbeit befördert wurde, war Marks erste Reaktion, ihre Leistung herabzusetzen und darüber zu reden, dass er eine bessere Position an seinem Arbeitsplatz verdient hätte.

- Mark ließ oft „Namen fallen" oder übertrieb seine Verbindungen zu wichtigen Menschen, selbst wenn klar war, dass er die Wahrheit verriet.

- Er erwartete von Sarah, dass sie alles fallen ließ und sich um seine Bedürfnisse kümmerte, wann immer er es verlangte, unabhängig von ihren eigenen Verpflichtungen oder Wünschen.

Die Kombination aus Anspruch und Grandiosität schuf eine Beziehungsdynamik, in der Sarahs Bedürfnisse ständig außer Acht gelassen wurden und sie sich ständig um Marks Ego kümmerte. Dieses Ungleichgewicht ist typisch für Beziehungen mit Narzissten, in denen das Selbstwertgefühl eines Partners die Beziehung dominiert.

Das frühzeitige Erkennen dieser Warnsignale kann eine Herausforderung sein, insbesondere wenn sie mit der Charmeoffensive verknüpft sind. Die Grandiosität des Narzissten kann mit Selbstvertrauen verwechselt werden, und sein Anspruchsdenken könnte als Durchsetzungsvermögen oder hohe Standards fehlinterpretiert werden. Mit der Zeit werden diese Merkmale jedoch immer offensichtlicher und problematischer.

Während Sarah über diese Frühwarnzeichen nachdenkt, erkennt sie, wie wichtig es ist, seinen Instinkten zu vertrauen und auf subtile Hinweise in Verhaltens- und Interaktionsmustern zu achten. Sie räumt auch ein, dass es zwar wichtig ist, sich dieser Warnsignale bewusst zu sein, es aber ebenso wichtig ist, nicht übermäßig misstrauisch zu werden oder jede selbstbewusste oder ehrgeizige Person als Narzisst abzustempeln.

Für die Zukunft verpflichtet sich Sarah, gesunde Grenzen zu wahren, ihre eigenen Bedürfnisse und Gefühle wertzuschätzen und in ihren Beziehungen anspruchsvoller zu sein. Sie versteht, dass es beim Erkennen dieser Warnsignale nicht darum geht, in

Angst oder Misstrauen zu leben, sondern darum, sich selbst zu befähigen, fundierte Entscheidungen über die Menschen zu treffen, die sie in ihr Leben lässt.

Das Kapitel endet damit, dass Sarah sich sicherer fühlt, narzisstische Tendenzen schon früh in Beziehungen erkennen zu können. Sie erkennt, dass dieses Wissen sie nicht nur vor potenziellem Schaden schützt, sondern es ihr auch ermöglicht, gesündere, ausgeglichenere Beziehungen in allen Bereichen ihres Lebens zu pflegen.

Kapitel 4

Der Narzisst am Arbeitsplatz: Die Leiter um jeden Preis erklimmen

Die Unternehmenswelt kann ein Nährboden für narzisstisches Verhalten sein, da sie den Schwerpunkt auf individuelle Leistung, Wettbewerb und hierarchische Strukturen legt. In diesem Kapitel wird untersucht, wie Narzissten im beruflichen Umfeld agieren und Kollegen und Vorgesetzte gleichermaßen manipulieren, um Macht, Anerkennung und Aufstieg anzustreben.

Kreditraub und Sündenbock

Kreditraub:

Narzissten am Arbeitsplatz sind Meister darin, sich die Ideen und Leistungen anderer anzueignen. Dieses Verhalten beruht auf ihrem tief verwurzelten Bedürfnis nach Bewunderung und ihrem Glauben, anderen überlegen zu sein. So funktionieren sie normalerweise:

1. Idea Hijacking: Der Narzisst hört in Besprechungen möglicherweise aufmerksam zu, um die Ideen der Kollegen später als seine eigenen darzustellen. Sie fügen oft eine leichte Wendung oder Verschönerung hinzu, um Originalität zu betonen.

2. Projektübernahme: Wenn sich ein Projekt dem Abschluss nähert, greift der Narzisst möglicherweise ein, leistet geringfügige Beiträge und positioniert sich dann als treibende Kraft hinter dem Erfolg.

3. Subtile Sprachmanipulation: Sie verwenden Formulierungen wie „wir", wenn sie über Herausforderungen sprechen, wechseln aber zu „ich", wenn sie Erfolge beschreiben, und verlagern so auf subtile Weise die Anerkennung auf sich selbst.

4. Strategisches Timing: Narzissten warten oft, bis wichtige Entscheidungsträger oder Vorgesetzte anwesend sind, um „ihre" Erfolge zu präsentieren und so Sichtbarkeit und Wirkung zu maximieren.

5. Die Beiträge anderer minimieren: Wenn sie gezwungen werden, Teamleistungen anzuerkennen,

spielen sie möglicherweise die Rollen anderer herunter oder stellen sie so dar, als würden sie lediglich der Vision des Narzissten folgen.

Sündenbock:

Wenn etwas schief geht, schieben Narzissten die Schuld schnell von sich und suchen sich einen Sündenbock. Dies schützt ihr fragiles Ego und bewahrt ihr Bild der Perfektion. Zu den gängigen Taktiken gehören:

1. Präventive Schuldverlagerung: Bevor ein Projekt überhaupt auf Probleme stößt, beginnt der Narzisst möglicherweise damit, Teammitglieder auf subtile Weise zu kritisieren und so die Voraussetzungen für zukünftige Schuldzuweisungen zu schaffen.

2. Übertreibung der Fehler anderer: Kleinere Fehler von Kollegen werden übertrieben und als Ursache für größere Probleme dargestellt.

3. Falsche Erzählungen erfinden: Narzissten können Ereignisse erfinden oder Fakten verdrehen, um sich selbst als Opfer der Inkompetenz oder Sabotage anderer darzustellen.

4. Gaslighting-Kollegen: Sie leugnen möglicherweise die Erteilung von Anweisungen, die zu Fehlern führten, oder behaupten, dass Warnungen gegeben wurden, obwohl dies nicht der Fall war, was andere dazu bringen würde, an ihren eigenen Erinnerungen zu zweifeln.

5. Triangulation: Der Narzisst kann Teammitglieder gegeneinander ausspielen und so ein Umfeld des Misstrauens fördern, in dem alle außer ihnen schuldig aussehen.

Kollegen untergraben: Die subtile Kunst der Sabotage

Narzissten betrachten den Arbeitsplatz als ein Nullsummenspiel, bei dem die Erfolge anderer ihre eigenen schmälern. Dies führt dazu, dass sie sich auf verschiedene untergrabende Verhaltensweisen einlassen:

1. Horten von Informationen: Narzissten können Kollegen wichtige Informationen vorenthalten, um sie zum Scheitern zu bringen oder sie daran zu hindern, hervorragende Leistungen zu erbringen.

2. Verbreitung von Gerüchten und Klatsch: Sie begehen oft Rufmord und säen Zweifel an der Kompetenz oder Integrität der Kollegen.

3. Anerkennung für die Arbeit anderer annehmen: Über den einfachen Diebstahl von Anerkennung hinaus können sie die abgeschlossene Arbeit anderer tatsächlich als ihre eigene präsentieren, insbesondere gegenüber Vorgesetzten.

4. Projekte sabotieren: Wenn sie nicht die Leitung haben, könnten Narzissten Projekte auf subtile Weise untergraben, indem sie Fristen verpassen, minderwertige Arbeit leisten oder Konflikte innerhalb des Teams verursachen.

5. Kollegen ausschließen: Sie können wichtige Teammitglieder von wichtigen Besprechungen oder E-Mails fernhalten und sie so von Informationen und Entscheidungsprozessen isolieren.

6. Mikromanagement und Kritik: In einer Autoritätsposition können Narzissten die Arbeit anderer exzessiv verwalten und kritisieren, was ihr Selbstvertrauen und ihre Autonomie untergräbt.

7. Unrealistische Erwartungen wecken: Sie könnten unmögliche Aufgaben oder Fristen zuweisen und so Kollegen zum Scheitern bringen.

8. Gaslighting und emotionale Manipulation: Narzissten versuchen möglicherweise, Kollegen an ihrer eigenen Kompetenz, Erinnerung oder Wahrnehmung von Ereignissen zweifeln zu lassen.

9. Strategische Allianzen: Sie bilden häufig Allianzen mit einflussreichen Kollegen oder Vorgesetzten und nutzen diese Beziehungen, um ihre Ziele weiter zu isolieren und zu untergraben.

10. Passiv-aggressives Verhalten: Dies kann das Erteilen von hinterhältigen Komplimenten, den Einsatz von Sarkasmus oder subtile Akte der Insubordination umfassen.

Die Auswirkungen der Untergrabung:
Die Auswirkungen eines solchen Verhaltens können verheerend sein:
- Verminderte Produktivität und Moral im gesamten Team.

- Erhöhter Stress und potenzielles Burnout bei den Zielpersonen.
- Ein toxisches Arbeitsumfeld, das von Misstrauen und Konkurrenz geprägt ist.
- Verlust talentierter Mitarbeiter, die lieber gehen, als die Feindseligkeit zu ertragen.
- Mögliche finanzielle Verluste für das Unternehmen aufgrund von Projektverzögerungen oder -ausfällen.

Managing Up: Wie Narzissten Vorgesetzte manipulieren

Narzissten sind oft geschickt darin, nach oben zu kommen, indem sie verschiedene Taktiken anwenden, um sich bei den Machthabern einzuschmeicheln:

1. Impressionsmanagement:
- Narzissten präsentieren ihren Vorgesetzten ein sorgfältig zusammengestelltes Bild und stellen nur ihre besten Qualitäten und Erfolge zur Schau.
- Sie können sich tadellos kleiden, eine anspruchsvolle Sprache verwenden und immer selbstbewusst und kontrolliert wirken.

- Sie sind oft die ersten, die sich ehrenamtlich für Projekte mit hoher Sichtbarkeit engagieren oder sich in Besprechungen mit dem oberen Management zu Wort melden.

2. Schmeichelei und Spiegelung:
- Übermäßige Komplimente und Zustimmung zu den Ideen der Vorgesetzten, auch wenn diese unaufrichtig sind.
- Übernahme ähnlicher Verhaltensweisen, Sprachmuster oder sogar persönlicher Interessen, um ein Gefühl der Verwandtschaft zu schaffen.
- Sich als „idealer Mitarbeiter" präsentieren, der die Vision und Werte des Chefs teilt.

3. Strategische Informationskontrolle:
- Sorgfältiges Filtern von Informationen, die die Vorgesetzten erreichen, um sicherzustellen, dass diese in erster Linie positive Nachrichten über die Leistung des Narzissten hören.
- Anerkennung von Erfolgen anerkennen und gleichzeitig die Schuld für Misserfolge auf andere oder externe Faktoren abwälzen.
- Bereitstellung gerade genug negativer Informationen über andere, um ehrlich und anspruchsvoll zu wirken.

4. Abhängigkeit erstellen:
- Sich als unverzichtbar positionieren, indem sie wichtige Aufgaben übernehmen oder zum Ansprechpartner für wichtige Kunden oder Projekte werden.
- Das Bild kultivieren, der Einzige zu sein, der bestimmte Aufgaben bewältigen oder spezifische Probleme lösen kann.

5. Teile und herrsche:
- Kluft zwischen anderen Mitarbeitern und dem Management schaffen, um sich als zuverlässigstes und vertrauenswürdigstes Teammitglied zu positionieren.
- Kollegen in Gesprächen mit Vorgesetzten subtil untergraben und Zweifel an ihrer Kompetenz oder Loyalität säen.

6. Persönliche Beziehungen nutzen:
- Der Versuch, außerhalb der Arbeit persönliche Bindungen zu Vorgesetzten aufzubauen, beispielsweise durch gemeinsame Hobbys oder soziale Engagements.
- Nutzung dieser persönlichen Verbindungen, um Gunst oder Insiderinformationen zu erlangen.

7. Krisenentstehung und -lösung:
- Probleme herstellen oder übertreiben, dann eingreifen, um „den Tag zu retten" und sich als Problemlöser positionieren.
- Diese Taktik lässt sie für die Organisation von unschätzbarem Wert erscheinen.

8. Selektive Transparenz:
- Sie geben gerade so viele Informationen über ihre Arbeit preis, dass sie offen und ehrlich wirken, und verbergen gleichzeitig alles, was ein schlechtes Licht auf sie werfen könnte.
- Verwendung von Fachjargon oder komplexen Erklärungen, um bei Bedarf Details zu verschleiern.

9. Emotionale Manipulation:
- Mit den Emotionen der Vorgesetzten spielen, sei es durch Sympathieappelle, durch das Schüren von Ängsten vor der Konkurrenz oder durch das Schüren von Begeisterung für potenzielle Chancen.
- Passen Sie ihre emotionale Darstellung so an, dass sie dem entspricht, was der Vorgesetzte ihrer Meinung nach in diesem Moment wünscht oder braucht.

10. Strategische Allianzen:

- Aufbau von Beziehungen zu anderen einflussreichen Persönlichkeiten in der Organisation, um die eigene Position zu stärken.
- Nennen Sie diese Verbindungen in Gesprächen mit Vorgesetzten beim Namen, um ihre wahrgenommene Bedeutung hervorzuheben.

Die Auswirkungen der Aufwärtsmanipulation:
Während diese Taktiken dem Narzissten kurzfristig zugute kommen können, können sie schwerwiegende negative Folgen für die Organisation haben:

1. Fehlallokation von Ressourcen: Beförderungen und Chancen können auf der Grundlage manipulierter Wahrnehmungen und nicht auf der Grundlage tatsächlicher Verdienste vergeben werden.

2. Verminderte Arbeitsmoral: Andere Mitarbeiter könnten demotiviert werden, da Manipulation statt echter harter Arbeit und Talent belohnt wird.

3. Schlechte Entscheidungsfindung: Führungskräfte treffen Entscheidungen auf der Grundlage

unvollständiger oder verzerrter Informationen, was möglicherweise zu strategischen Fehlern führt.

4. Toxische Kultur: Das Verhalten des Narzissten kann einen Präzedenzfall schaffen und andere dazu ermutigen, sich auf ähnliche manipulative Taktiken einzulassen.

5. Talentverlust: Wertvolle Mitarbeiter verlassen möglicherweise das Unternehmen, frustriert über den Aufstieg des Narzissten und die offensichtliche Blindheit der Führung gegenüber ihrer wahren Natur.

6. Reduzierte Innovation: Der Fokus auf das Eindrucksmanagement statt auf die tatsächliche Problemlösung kann Kreativität und Fortschritt ersticken.

7. Erhöhter Stress: Vorgesetzte müssen sich möglicherweise ständig um die Bedürfnisse und Anforderungen des Narzissten kümmern und ihn von anderen wichtigen Führungsaufgaben ablenken.

Das Erkennen dieser Verhaltensweisen ist für Organisationen von entscheidender Bedeutung, um sich vor den schädlichen Auswirkungen narzisstischer Manipulation zu schützen. Führungskräfte müssen sich dieser Taktiken bewusst sein und über oberflächliche Eindrücke hinausblicken, um faire und fundierte Entscheidungen über die Leistung und das Potenzial der Mitarbeiter zu treffen.

Kapitel 5

Familiendynamik: Wenn der Narzisst ein geliebter Mensch ist

Die Anwesenheit eines Narzissten innerhalb einer Familie kann eine komplexe und oft toxische Dynamik erzeugen, die alle Mitglieder, insbesondere Kinder, betrifft. Dieses Kapitel befasst sich mit den komplizierten Beziehungen, die entstehen, wenn ein Narzisst ein geliebter Mensch ist, und untersucht die Auswirkungen auf Elternschaft, Geschwisterbeziehungen und die Aufrechterhaltung narzisstischer Merkmale über Generationen hinweg.

Der narzisstische Elternteil: Aufwachsen in seinem Schatten

Das Aufwachsen mit einem narzisstischen Elternteil kann eine emotional turbulente Erfahrung sein, die die Entwicklung eines Kindes tiefgreifend beeinflusst. Narzisstische Eltern betrachten ihre Kinder oft als Erweiterungen ihrer selbst und nicht als Individuen mit eigenen Bedürfnissen, Wünschen und Identitäten. Diese Perspektive führt zu einem Erziehungsstil, der durch übermäßige Kontrolle, Manipulation und mangelndes Einfühlungsvermögen gekennzeichnet ist.

Narzisstische Eltern zeigen typischerweise eine Reihe von Verhaltensweisen, die das emotionale Wohlbefinden ihrer Kinder stark beeinträchtigen können. Sie schwanken zwischen überschwänglichem Lob für ihre Kinder, wenn sie die Erwartungen der Eltern erfüllen, und scharfer Kritik oder emotionalem Rückzug, wenn sie hinter den Erwartungen zurückbleiben. Diese Inkonsistenz schafft ein Umfeld der Unsicherheit und Angst für das Kind, das lernt, dass Liebe und Anerkennung an Bedingungen geknüpft sind und durch ständige Leistung und Compliance verdient werden müssen.

Einer der heimtückischsten Aspekte der narzisstischen Erziehung ist die Art und Weise, wie sie das Selbstbewusstsein eines Kindes untergräbt. Narzisstische Eltern projizieren oft ihre eigenen Wünsche und Ambitionen auf ihre Kinder und drängen sie zu Höchstleistungen in Bereichen, die ein gutes Licht auf die Eltern werfen, anstatt die

eigenen Interessen und Talente des Kindes zu
fördern. Dies kann dazu führen, dass ein Kind ein
falsches Selbst entwickelt – eine Person, die den
Eltern gefallen soll –, während sein wahres Selbst
unterentwickelt und unausgedrückt bleibt.

Die emotionalen Bedürfnisse von Kindern mit
narzisstischen Eltern werden häufig vernachlässigt
oder ignoriert. Diese Eltern sind möglicherweise
nicht in der Lage, Kindern das
Einfühlungsvermögen und die emotionale
Unterstützung zu bieten, die sie für eine gesunde
Entwicklung benötigen. Stattdessen schmälern sie
möglicherweise die Gefühle ihrer Kinder,
beschuldigen sie, überempfindlich zu sein, oder
nutzen ihre Gefühle als Munition für Argumente
oder Manipulationstaktiken. Diese emotionale
Vernachlässigung kann dazu führen, dass Kinder
Schwierigkeiten haben, ihre eigenen Emotionen zu
identifizieren und auszudrücken, und dass sie
Schwierigkeiten haben, tiefe, sinnvolle Beziehungen
zu anderen aufzubauen.

Ein weiteres gemeinsames Merkmal narzisstischer
Erziehung ist der Einsatz von Schuld und Scham als
Kontrollinstrumente. Narzisstische Eltern erinnern

ihre Kinder möglicherweise häufig an Opfer, die für sie erbracht wurden, und erzeugen so ein Gefühl der Schuld, das das Kind durch Gehorsam und Leistung zurückzahlen muss. Möglicherweise beschämen sie ihre Kinder auch für vermeintliche Fehler oder Unzulänglichkeiten und wecken so den tief verwurzelten Glauben, dass sie grundsätzlich fehlerhaft oder unwürdig sind.

Die Auswirkungen des Aufwachsens mit einem narzisstischen Elternteil können langanhaltend und weitreichend sein. Kinder, die in einem solchen Umfeld aufwachsen, haben oft mit geringem Selbstwertgefühl, chronischen Angstzuständen, Depressionen und Schwierigkeiten, anderen zu vertrauen, zu kämpfen. Sie können koabhängige Tendenzen entwickeln, ständig nach Bestätigung durch andere suchen und Schwierigkeiten haben, gesunde Grenzen zu setzen. Manche verinnerlichen möglicherweise die von ihren Eltern modellierten narzisstischen Züge und setzen den Kreislauf in ihren eigenen Beziehungen und Erziehungsstilen fort.

Geschwisterrivalität: Das goldene Kind gegen den Sündenbock

In Familien mit einem narzisstischen Elternteil werden Geschwisterbeziehungen oft durch die Rollen geprägt, die der narzisstische Elternteil jedem Kind zuweist. Es zeichnen sich zwei gemeinsame Rollen ab: das „goldene Kind" und der „Sündenbock". Diese Rollen können zu intensiver Rivalität und langanhaltendem emotionalem Schaden führen.

Das goldene Kind ist das Kind, das vom narzisstischen Elternteil idealisiert und bevorzugt wird. Dieses Kind wird als Ausdruck der eigenen Großartigkeit der Eltern angesehen und oft übertrieben gelobt, selbst für kleinere Leistungen. Das goldene Kind erhält möglicherweise eine Vorzugsbehandlung, einschließlich mehr Aufmerksamkeit, Zuneigung und materieller Vorteile. Allerdings bringt diese scheinbar privilegierte Position ihre eigenen Herausforderungen mit sich. Das goldene Kind steht unter enormem Druck, seinen bevorzugten Status aufrechtzuerhalten, indem es ständig die unrealistischen Erwartungen der narzisstischen

Eltern erfüllt. Sie kämpfen möglicherweise mit Perfektionismus, Angst vor dem Scheitern und haben Schwierigkeiten, eine unabhängige Identität zu entwickeln.

Im Gegensatz dazu ist das Kind, das die Hauptlast der Kritik, der Schuldzuweisungen und der negativen Projektionen des narzisstischen Elternteils trägt, der Sündenbock. Dieses Kind wird oft als Enttäuschung oder Bedrohung für das Selbstbild des narzisstischen Elternteils angesehen. Der Sündenbock kann ständiger Kritik, emotionalem Missbrauch und sogar körperlicher Bestrafung ausgesetzt sein. Sie werden häufig für familiäre Probleme verantwortlich gemacht und verinnerlichen möglicherweise ein Gefühl der Wertlosigkeit und Scham. Die Sündenbockrolle kann jedoch auch die Widerstandsfähigkeit und Unabhängigkeit fördern, da diese Kinder oft lernen, sich auf sich selbst zu verlassen, und möglicherweise eher dazu neigen, dysfunktionale Familiendynamiken zu erkennen und herauszufordern.

Die Zuweisung dieser Rollen ist nicht immer statisch und kann sich im Laufe der Zeit oder in verschiedenen Kontexten ändern. Einige narzisstische Eltern können abwechseln, welches Kind ihr Lieblingskind ist, wodurch ein instabiles und wettbewerbsorientiertes Umfeld entsteht, in dem Geschwister um die Zustimmung der Eltern wetteifern. Diese Dynamik kann die Beziehungen zwischen Geschwistern ernsthaft schädigen und zu Groll, Eifersucht und einem Mangel an Vertrauen führen, der bis weit ins Erwachsenenalter anhalten kann.

Die Auswirkungen dieser Rollen auf Geschwisterbeziehungen können tiefgreifend und nachhaltig sein. Das goldene Kind hat möglicherweise mit Schuldgefühlen wegen seines bevorzugten Status zu kämpfen und ärgert sich gleichzeitig über den Druck, diesen aufrechtzuerhalten. Möglicherweise fällt es ihnen schwer, mit ihrem Sündenbock-Geschwister umzugehen, da sie die negative Einstellung des narzisstischen Elternteils über sie verinnerlicht haben. Der Sündenbock hingegen hegt möglicherweise tiefe Wut und Groll sowohl gegenüber dem narzisstischen Elternteil als auch gegenüber dem goldenen Kind und fühlt sich betrogen und nicht unterstützt.

Als Erwachsene fällt es Geschwistern aus narzisstischen Familien oft schwer, gesunde Beziehungen zueinander aufzubauen. Das goldene Kind verbündet sich möglicherweise weiterhin mit dem narzisstischen Elternteil und setzt so die dysfunktionale Dynamik fort. Der Sündenbock distanziert sich möglicherweise vollständig von der Familie und versucht, der giftigen Umgebung zu entkommen. In manchen Fällen können erwachsene Geschwister möglicherweise die schädlichen Muster ihrer Erziehung erkennen und zusammenarbeiten, um die Beziehung zu heilen und gesünder zu gestalten. Dieser Prozess kann jedoch langwierig sein und erfordert erhebliche Anstrengungen und oft auch professionelle Unterstützung.

Generationsmuster: Den Kreislauf des Narzissmus durchbrechen

Einer der besorgniserregendsten Aspekte des Narzissmus innerhalb von Familien ist seine Tendenz, sich über Generationen hinweg fortzusetzen. Kinder, die von narzisstischen Eltern erzogen werden, laufen Gefahr, entweder selbst narzisstische Züge zu entwickeln oder Beziehungen mit narzisstischen Partnern einzugehen und so den Kreislauf der Funktionsstörungen fortzusetzen.

Die generationsübergreifende Übertragung von Narzissmus kann über verschiedene Mechanismen erfolgen. Erstens können Kinder die Verhaltensweisen, die sie bei ihren narzisstischen Eltern beobachten, direkt modellieren und den Glauben verinnerlichen, dass diese Verhaltensweisen normal oder sogar wünschenswert sind. Zweitens können die tiefsitzenden Unsicherheiten und der Mangel an Selbstwertgefühl, die durch narzisstische Elternschaft vermittelt werden, dazu führen, dass manche Menschen eine narzisstische Fassade als Abwehrmechanismus entwickeln. Drittens fühlen sich Kinder von Narzissten möglicherweise im Erwachsenenalter zu narzisstischen Partnern hingezogen und versuchen unbewusst, die vertraute Dynamik ihrer Kindheit wiederherzustellen, um unerfüllte Bedürfnisse zu erfüllen oder die Bestätigung zu erhalten, die sie von ihren Eltern nie erhalten haben.

Um diesen Kreislauf zu durchbrechen, sind bewusste Anstrengungen und häufig professionelles Eingreifen erforderlich. Der erste Schritt ist

Bewusstsein – das Erkennen der narzisstischen Muster in der eigenen Herkunftsfamilie und das Verstehen, wie diese das eigene Verhalten und die Beziehungsentscheidungen geprägt haben. Dieses Bewusstsein kann schmerzhaft sein und dazu führen, dass man sich mit lang gehegten Überzeugungen über sich selbst und die eigene Familie auseinandersetzen muss.

Therapie, insbesondere Modalitäten wie die kognitive Verhaltenstherapie (CBT) und die psychodynamische Therapie, können hilfreich sein, um Menschen, die von narzisstischen Eltern aufgewachsen sind, dabei zu helfen, ihr Kindheitstrauma zu heilen und gesündere Denk- und Verhaltensmuster zu entwickeln. Diese therapeutischen Ansätze können Einzelpersonen dabei helfen, ihr Selbstwertgefühl zu stärken, Grenzen zu setzen, ungelöste Emotionen zu verarbeiten und zu lernen, gesunde Beziehungen aufzubauen.

Für diejenigen, die selbst narzisstische Züge entwickelt haben, kann die Suche nach einer Behandlung eine Herausforderung sein, da Narzissmus oft mit einem Widerstand verbunden ist, persönliche Fehler oder die Notwendigkeit einer Veränderung anzuerkennen. Mit der richtigen Herangehensweise und Motivation ist es jedoch für Menschen mit narzisstischen Tendenzen möglich, mehr Empathie, emotionale Regulierung und gesündere Beziehungsfähigkeiten zu entwickeln.

Um den Kreislauf zu durchbrechen, gehört auch eine bewusste Erziehungsentscheidung für diejenigen dazu, die eigene Kinder haben. Dazu kann gehören, dass man sich über gesunde Erziehungspraktiken informiert, an Erziehungskursen teilnimmt und aktiv daran arbeitet, die Wiederholung schädlicher Verhaltensweisen aus der eigenen Kindheit zu vermeiden. Für Eltern ist es von entscheidender Bedeutung, die emotionalen Bedürfnisse ihrer Kinder in den Vordergrund zu stellen, Unabhängigkeit und Selbstwertgefühl zu fördern und ein Umfeld bedingungsloser Liebe und Unterstützung zu schaffen.

Darüber hinaus kann der Aufbau eines unterstützenden Netzwerks gesunder Beziehungen von entscheidender Bedeutung sein, um Generationenmuster des Narzissmus zu durchbrechen. Dazu kann es gehören, sich von toxischen Familienmitgliedern zu distanzieren, klare Grenzen zu setzen und Freundschaften und romantische Beziehungen mit emotional gesunden Menschen zu pflegen, die Vorbilder für gesunde Interaktion und Unterstützung sein können.

Es ist wichtig zu beachten, dass das Durchbrechen des Teufelskreises des Narzissmus ein Prozess ist, der kontinuierliche Anstrengung und Selbstreflexion erfordert. Rückschläge kommen häufig vor und Menschen verfallen oft in alte Muster, insbesondere in stressigen Zeiten. Geduld, Selbstmitgefühl und Beharrlichkeit sind der Schlüssel zu langfristigen Veränderungen.

Wenn ein Narzisst ein geliebter Mensch ist, insbesondere ein Elternteil, können die Auswirkungen tiefgreifend und weitreichend sein. Die Dynamik in Familien, die von Narzissmus betroffen sind, ist komplex und oft äußerst schädlich, insbesondere für Kinder, die ihr Selbstbewusstsein und Verständnis für Beziehungen noch entwickeln. Es ist jedoch wichtig, sich daran zu erinnern, dass der Einfluss eines narzisstischen Elternteils zwar erheblich, aber nicht deterministisch ist. Mit Bewusstsein, Unterstützung und engagierter

Anstrengung ist es möglich, von den Auswirkungen narzisstischer Erziehung zu heilen und den Kreislauf des generationenübergreifenden Narzissmus zu durchbrechen.

Heilung und Genesung

Der Heilungsprozess von narzisstischem Missbrauch, insbesondere wenn er von einem Elternteil kommt, ist oft ein langer und herausfordernder Weg. Normalerweise umfasst es mehrere wichtige Schritte:

1. Anerkennung: Zu erkennen und zu akzeptieren, dass die eigenen Eltern narzisstisch sind und dass ihr Verhalten schädlich war, ist oft der erste und schwierigste Schritt. Viele erwachsene Kinder von Narzissten kämpfen mit Schuldgefühlen oder Illoyalität, wenn sie beginnen, das Verhalten ihrer Eltern als missbräuchlich zu empfinden.

2. Bildung: Das Erlernen von Narzissmus, seinen Auswirkungen und einer gesunden Beziehungsdynamik kann dem Einzelnen helfen, seine Erfahrungen zu verstehen und zu beginnen, seine eigene Identität von der verzerrten Realität zu

trennen, die sein narzisstischer Elternteil geschaffen
hat.

3. Trauer: Es gibt oft eine Zeit der Trauer, wenn man
sich mit der Realität seiner Kindheit und dem
Elternteil auseinandersetzt, das er nie hatte. Dies
kann die Trauer um den Verlust des idealisierten
Elternteils und der Kindheit beinhalten, die man
verdient, aber nicht erhalten hat.

4. Grenzen setzen: Es ist von entscheidender
Bedeutung, zu lernen, gesunde Grenzen zu setzen
und aufrechtzuerhalten. Dazu kann es gehören, den
Kontakt mit dem narzisstischen Elternteil
einzuschränken, zu lernen, Nein zu sagen, und die
eigenen Bedürfnisse und das eigene Wohlbefinden
in den Vordergrund zu stellen.

5. Selbstfürsorge: Die Entwicklung einer starken
Selbstfürsorgeroutine, die auf körperliche,
emotionale und geistige Gesundheitsbedürfnisse
eingeht, ist von entscheidender Bedeutung. Dazu
können Aktivitäten wie Bewegung, Meditation,
Tagebuch führen oder Hobbys gehören, die Freude
und Erfüllung bringen.

6. Therapie: Professionelle Hilfe kann bei der Verarbeitung von Kindheitstraumata, der Entwicklung von Bewältigungsstrategien und der Bewältigung der komplexen Emotionen, die mit einem narzisstischen Elternteil einhergehen, von unschätzbarem Wert sein.

7. Gesunde Beziehungen aufbauen: Zu lernen, gesunde Beziehungen zu anderen aufzubauen und aufrechtzuerhalten, einschließlich Liebespartnern, Freunden und gegebenenfalls den eigenen Kindern, ist ein entscheidender Teil der Heilung.

8. Selbstmitgefühl: Selbstmitgefühl zu entwickeln und zu lernen, sich selbst mit Freundlichkeit und Verständnis zu begegnen, ist von entscheidender Bedeutung, insbesondere für diejenigen, die die kritische Stimme ihrer Eltern verinnerlicht haben.

Es ist wichtig zu beachten, dass Heilung kein linearer Prozess ist. Es kann zu Rückschlägen und schwierigen Zeiten kommen, insbesondere im Zusammenhang mit wichtigen Lebensereignissen oder Familientreffen. Das Ziel ist Fortschritt, nicht Perfektion.

Für diejenigen, die durch ihre Erziehung selbst narzisstische Züge entwickelt haben, kann der Weg zur Heilung auch darin bestehen, sich mit diesen Verhaltensweisen auseinanderzusetzen. Dies kann eine besondere Herausforderung darstellen, da es ein Maß an Selbstbewusstsein und Veränderungsbereitschaft erfordert, das im Widerspruch zu narzisstischen Tendenzen stehen kann. Mit Engagement und professioneller Hilfe ist es jedoch möglich, gesündere Verhaltens- und Beziehungsmuster zu entwickeln.

Das Verstehen und Erkennen narzisstischer Verhaltensweisen, insbesondere im Kontext familiärer Beziehungen, ist entscheidend für persönliches Wachstum und Heilung. Auch wenn die Auswirkungen der Anwesenheit eines narzisstischen geliebten Menschen, insbesondere eines Elternteils, tiefgreifend und langanhaltend sein können, ist es wichtig, sich daran zu erinnern, dass Veränderung und Heilung möglich sind.

Indem wir uns über Narzissmus, seine Auswirkungen und Genesungsstrategien informieren, können wir beginnen, uns von toxischen Mustern zu befreien und gesündere

Beziehungen aufzubauen. Dieser Prozess erfordert oft Mut, Geduld und Unterstützung, aber die Belohnungen – verbessertes Selbstwertgefühl, gesündere Beziehungen und ein authentischeres Selbstgefühl – sind unermesslich.

Letztlich geht es beim Erkennen narzisstischer Verhaltensweisen nicht nur darum, toxische Muster bei anderen zu erkennen, sondern auch darum, ein tieferes Verständnis für uns selbst, unsere Bedürfnisse und unsere Fähigkeit zu Wachstum und Veränderung zu entwickeln. Es ist eine Reise zu Authentizität, Selbstmitgefühl und gesünderen, erfüllenderen Beziehungen.

Den Kreislauf durchbrechen: Elternschaft nach narzisstischem Missbrauch

Für diejenigen, die narzisstische Erziehung erlebt haben und jetzt selbst Eltern sind, besteht oft der starke Wunsch, den Teufelskreis zu durchbrechen und ihren eigenen Kindern ein gesünderes Umfeld zu bieten. Dies kann sowohl herausfordernd als auch lohnend sein. Hier sind einige wichtige Überlegungen:

1. Selbstbewusstsein: Die ständige Reflexion des eigenen Verhaltens und der eigenen Motivation ist entscheidend. Dazu gehört auch, auf eventuell verinnerlichte narzisstische Tendenzen Rücksicht zu nehmen.

2. Emotionale Intelligenz: Die Entwicklung emotionaler Intelligenz hilft Eltern, einfühlsam und angemessen auf die Bedürfnisse ihrer Kinder zu reagieren.

3. Offene Kommunikation: Die Förderung einer offenen, ehrlichen Kommunikation innerhalb der Familie kann dazu beitragen, ein Umfeld zu schaffen, in dem sich Kinder sicher fühlen und ihre Gedanken und Gefühle äußern können.

4. Grenzen respektieren: Es ist von wesentlicher Bedeutung, die Grenzen von Kindern zu verstehen und zu respektieren, einschließlich ihres Rechts auf Privatsphäre und Autonomie.

5. Bedingungslose Liebe: Die Bereitstellung von Liebe und Unterstützung, die nicht von Erfolgen oder Verhalten abhängt, hilft Kindern, ein sicheres Selbstwertgefühl zu entwickeln.

6. Fehler zugeben: Die Fähigkeit, Fehler einzugestehen und sich bei Ihren Kindern zu entschuldigen, ist ein Vorbild für gesundes Verhalten und Demut.

7. Unterstützung suchen: Elternselbsthilfegruppen oder Familientherapie können wertvolle Orientierung und Unterstützung bei der Bewältigung der Herausforderungen bieten, die mit dem Durchbrechen des Teufelskreises einhergehen.

Die Auswirkungen auf Beziehungen zwischen Erwachsenen

Die Auswirkungen narzisstischer Elternschaft reichen oft bis ins Erwachsenenalter und beeinflussen die Art und Weise, wie Einzelpersonen Beziehungen aufbauen und aufrechterhalten:

1. Vertrauensprobleme: Viele erwachsene Kinder von Narzissten haben Schwierigkeiten, anderen zu vertrauen, weil sie Angst vor Manipulation oder Verlassenheit haben.

2. Co-Abhängigkeit: Einige entwickeln möglicherweise co-abhängige Tendenzen, suchen

ständig nach Zustimmung oder versuchen, andere zu „reparieren".

3. Angst vor Intimität: Der Mangel an emotionaler Intimität in der Kindheit kann dazu führen, dass es im Erwachsenenalter schwierig wird, enge Beziehungen aufzubauen.

4. Menschen gefallen: Ein häufiges Merkmal ist die übermäßige Gefälligkeit gegenüber Menschen, die aus dem Bedürfnis resultiert, Zustimmung zu gewinnen und Konflikte zu vermeiden.

5. Schwierigkeiten beim Setzen von Grenzen: Da sie mit gebrochenen Grenzen aufgewachsen sind, fällt es vielen schwer, in Beziehungen zwischen Erwachsenen gesunde Grenzen zu etablieren und aufrechtzuerhalten.

6. Perfektionismus: Die hohen und oft unrealistischen Ansprüche narzisstischer Eltern können zu perfektionistischen Tendenzen und Versagensängsten führen.

Die Heilung dieser Muster erfordert oft bewusste Anstrengung, Selbstreflexion und häufig professionelle Hilfe. Es geht darum zu lernen, zu vertrauen, verletzlich zu sein und authentische Verbindungen zu anderen aufzubauen.

Gesellschaftliche Implikationen

Im weiteren Sinne hat das Verständnis des Narzissmus und seiner Auswirkungen wichtige gesellschaftliche Auswirkungen:

1. Bewusstsein für psychische Gesundheit: Eine stärkere Anerkennung von narzisstischem Missbrauch kann zu einer besseren psychischen Unterstützung und Ressourcen für Überlebende führen.

2. Bildung: Die Einbeziehung von Informationen über gesunde Beziehungen und emotionale Intelligenz in Lehrpläne kann künftigen Generationen helfen, toxische Dynamiken zu erkennen und zu vermeiden.

3. Dynamik am Arbeitsplatz: Das Verständnis narzisstischer Verhaltensweisen kann das Arbeitsumfeld verbessern und dabei helfen, toxische Führungsstile zu erkennen und anzugehen.

4. Rechts- und Sozialdienste: Ein größeres Bewusstsein kann Richtlinien und Praktiken in Bereichen wie Familienrecht, Kinderschutzdienste und Unterstützung bei häuslicher Gewalt beeinflussen.

5. Kultureller Wandel: Da sich die Gesellschaft narzisstischer Verhaltensweisen und ihrer Auswirkungen immer bewusster wird, kann es zu einem kulturellen Wandel hin zur Wertschätzung von Empathie, emotionaler Intelligenz und authentischen Verbindungen kommen.

Während der Weg der Genesung von narzisstischem Missbrauch eine Herausforderung sein kann, bietet er auch eine Chance für tiefgreifendes persönliches Wachstum und die Chance, positive Veränderungen herbeizuführen, die weit über den Einzelnen hinausgehen und möglicherweise Auswirkungen auf Familien, Gemeinschaften und die Gesellschaft insgesamt haben.

Kapitel 6

Der Narzisst des digitalen Zeitalters: Soziale Medien und Selbstbesessenheit

Das Aufkommen des digitalen Zeitalters, insbesondere der Aufstieg von Social-Media-Plattformen, hat eine neue Ära der Selbstdarstellung und Konnektivität eingeläutet. Es hat jedoch auch einen fruchtbaren Boden für das Aufblühen narzisstischer Tendenzen geschaffen. Dieses Kapitel untersucht die Beziehung zwischen Narzissmus und sozialen Medien und untersucht, wie digitale Plattformen narzisstisches Verhalten sowohl fördern als auch aufdecken können.

Kuratierte Perfektion: Die Instagram-Illusion

Social-Media-Plattformen, allen voran Instagram, haben sich zu leistungsstarken Werkzeugen für die Selbstdarstellung und Bildkuration entwickelt. Benutzer haben eine beispiellose Kontrolle darüber, wie sie sich der Welt präsentieren, was häufig zu einer sorgfältig konstruierten Online-Persönlichkeit führt, die möglicherweise wenig Ähnlichkeit mit der Realität hat. Dieses Phänomen, das oft als „Instagram-Illusion" bezeichnet wird, ist besonders für Menschen mit narzisstischen Zügen attraktiv.

Die Fähigkeit, selektiv nur die schmeichelhaftesten Aspekte des eigenen Lebens zu teilen, passt perfekt zum Wunsch des Narzissten nach Bewunderung und Neid von anderen. Durch sorgfältig inszenierte Fotos, den strategischen Einsatz von Filtern und die selektive Offenlegung von Informationen können Nutzer eine idealisierte Version ihrer selbst und ihres Lebens erstellen. Diese kuratierte Perfektion stärkt das grandiose Selbstbild des Narzissten und sorgt für einen ständigen Strom externer Bestätigung durch Likes, Kommentare und Follower.

Allerdings kann das Streben nach dieser digitalen Perfektion sowohl für den Einzelnen als auch für sein Publikum nachteilige Auswirkungen haben. Für den Narzissten kann es unrealistische Erwartungen verstärken und die Trennung zwischen seinem wahren Selbst und seinem idealisierten Bild vertiefen. Dies kann zu erhöhter Angst, Depression und der ständigen Angst führen, als nicht perfekt entlarvt zu werden.

Beim Publikum, insbesondere bei beeindruckbaren jungen Menschen, kann der Kontakt mit diesen kuratierten Bildern zu Gefühlen der Unzulänglichkeit, eines geringen Selbstwertgefühls und unrealistischer Lebenserwartungen führen. Der Vergleich der eigenen ungefilterten Realität mit den Highlight-Reels anderer kann ein Gefühl ständiger Unzufriedenheit und FOMO (Angst, etwas zu verpassen) hervorrufen.

Darüber hinaus kann die sofortige Befriedigung durch Likes und Kommentare in sozialen Medien süchtig machen und zu einem ständigen Bedarf an externer Bestätigung führen. Dies kann besonders für Menschen mit narzisstischen Tendenzen problematisch sein, da sie dadurch verstärkt auf die Bewunderung ihres Selbstwertgefühls durch andere angewiesen sind.

Trolling und Online-Mobbing: Der Spielplatz des Narzissten

Während soziale Medien Narzissten eine Plattform zur Selbstverherrlichung bieten, bieten sie auch Möglichkeiten für böswilligere Ausdrucksformen narzisstischen Verhaltens. Online-Trolling und Cybermobbing sind im digitalen Zeitalter zu immer häufigeren Themen geworden, und narzisstische Personen spielen bei diesen schädlichen Aktivitäten oft eine wichtige Rolle.

Die Anonymität und Distanz, die Online-Plattformen bieten, können Narzissten dazu ermutigen, sich auf Verhaltensweisen einzulassen, die sie in persönlichen Interaktionen möglicherweise vermeiden würden. Trolling, der Vorgang, andere online zum persönlichen Vergnügen absichtlich zu provozieren oder zu verärgern, steht im Einklang mit dem Mangel an Empathie und dem Wunsch des Narzissten nach Aufmerksamkeit und Kontrolle.

Narzissten empfinden möglicherweise Befriedigung aus der Macht, die sie empfinden, wenn sie anderen online Kummer bereiten. Die Fähigkeit, bei anderen starke emotionale Reaktionen hervorzurufen, auch negative, nährt ihr Bedürfnis nach Aufmerksamkeit und stärkt ihr Überlegenheitsgefühl. Darüber hinaus kann das Fehlen unmittelbarer Konsequenzen für ihre Online-Aktionen dieses Verhalten zusätzlich begünstigen.

Cybermobbing, eine gezieltere und anhaltendere Form der Online-Belästigung, kann für Narzissten auch ein Instrument sein, um Dominanz und Kontrolle durchzusetzen. Indem Narzissten andere online herabwürdigen, bedrohen oder demütigen, können sie ihr eigenes Gefühl von Macht und Wichtigkeit stärken. Der öffentliche Charakter vieler Social-Media-Plattformen ermöglicht es ihnen, diese aggressiven Handlungen vor einem Publikum auszuführen, wodurch sie möglicherweise die Unterstützung von Gleichgesinnten gewinnen und ihr Ego weiter aufblähen können.

Die Auswirkungen von Online-Trolling und Mobbing auf die Opfer können schwerwiegend sein und zu Angstzuständen, Depressionen und in extremen Fällen zu Selbstverletzung oder Selbstmord führen. Die allgegenwärtige Natur der sozialen Medien führt dazu, dass sich Opfer möglicherweise nicht in der Lage fühlen, der

Belästigung zu entkommen, da sie ihnen über mehrere Plattformen hinweg und in ihr Offline-Leben folgen können.

Die Bewältigung dieser Probleme erfordert einen vielschichtigen Ansatz, einschließlich verbesserter Moderations- und Meldesysteme auf Social-Media-Plattformen, Aufklärung über digitale Staatsbürgerschaft und Online-Ethik sowie ein erhöhtes Bewusstsein für die psychologischen Beweggründe hinter Trolling und Cybermobbing.

Kultur abbrechen: Narzissmus im Gericht der öffentlichen Meinung

Das Phänomen der „Cancel Culture" hat sich im digitalen Zeitalter zu einer mächtigen Kraft entwickelt, die auf komplexe Weise mit narzisstischen Verhaltensweisen verknüpft ist. Unter Abbruchkultur versteht man die Praxis, Persönlichkeiten oder Organisationen des öffentlichen Lebens, denen beleidigendes Verhalten oder problematische Handlungen vorgeworfen werden, die Unterstützung zu entziehen. Dies kann zwar als eine Form sozialer Verantwortung dienen, kann aber auch von narzisstischen Einzelpersonen und Gruppen als Waffe eingesetzt werden.

Einerseits kann die Abbruchkultur als kollektive Reaktion auf narzisstische Verhaltensweisen von Persönlichkeiten des öffentlichen Lebens angesehen werden. Wenn Prominente, Politiker oder Influencer narzisstische Merkmale wie mangelndes Mitgefühl, Anspruchshaltung oder Ausbeutung anderer an den Tag legen, bieten soziale Medien der Öffentlichkeit eine Plattform, um ihre Missbilligung zum Ausdruck zu bringen und Verantwortung zu fordern. Dies kann ein wirksames Instrument sein, um narzisstische Verhaltensweisen in Frage zu stellen, die in bestimmten Bereichen lange toleriert oder sogar gefeiert wurden.

Allerdings kann die Dynamik der abgesagten Kultur auch narzisstische Tendenzen in der breiten Öffentlichkeit ansprechen. Der Akt, jemanden zu „stornieren", kann ein Gefühl moralischer Überlegenheit und Macht vermitteln, das mit dem Wunsch des Narzissten nach Bewunderung und Kontrolle übereinstimmt. Der öffentliche Charakter sozialer Medien ermöglicht es Einzelpersonen, ihre moralische Haltung performativ zu demonstrieren und möglicherweise Lob und Bestätigung von Gleichgesinnten zu erhalten.

Darüber hinaus spiegelt das Schwarz-Weiß-Denken, das häufig mit der Abbruchkultur einhergeht – in der Einzelpersonen aufgrund einzelner Handlungen oder Aussagen entweder als völlig gut oder als völlig schlecht eingestuft werden – das Spaltungsverhalten wider, das bei narzisstischen Persönlichkeitsstörungen häufig vorkommt. Diese übermäßige Vereinfachung des komplexen menschlichen Verhaltens kann dazu führen, dass es im öffentlichen Diskurs an Nuancen mangelt und man sich weigert, Wachstum, Lernen oder Erlösung zu ermöglichen.

Die Mob-Mentalität, die bei Kampagnen zur Abbruchkultur entstehen kann, bietet auch ein perfektes Umfeld für narzisstische Individuen, um Narrative zu manipulieren und zu kontrollieren. Indem sie sich als moralische Schiedsrichter oder Opfer positionieren, können Narzissten Sympathie gewinnen, Kritik abwehren und ihr grandioses Selbstbild bewahren.

Es ist wichtig zu beachten, dass die Auswirkungen der Abbruchkultur unverhältnismäßig und manchmal fehl am Platz sein können. Während es wirksam sein kann, mächtige Persönlichkeiten zur Rechenschaft zu ziehen, kann es auch schwerwiegende Folgen für Personen haben, denen die Ressourcen oder die Plattform zur Selbstverteidigung fehlen. Dieses Machtungleichgewicht kann von narzisstischen Personen ausgenutzt werden, um vermeintliche Bedrohungen oder Rivalen ins Visier zu nehmen.

Die Schnittstelle zwischen Narzissmus und Abbruchkultur unterstreicht die Notwendigkeit eines differenzierteren Ansatzes zur Bewältigung problematischer Verhaltensweisen im digitalen Zeitalter. Während es von entscheidender Bedeutung ist, Einzelpersonen für schädliche Handlungen zur Verantwortung zu ziehen, ist es ebenso wichtig, Dialog, Wachstum und Erlösung zu ermöglichen. Die Entwicklung digitaler Kompetenzen, die es Benutzern ermöglichen, Informationen kritisch zu bewerten und mehrere Perspektiven zu berücksichtigen, kann dazu beitragen, die potenziellen negativen Auswirkungen der Abbruchkultur abzumildern.

Das digitale Zeitalter hat der Manifestation und Verbreitung narzisstischer Verhaltensweisen neue Möglichkeiten eröffnet. Von der kuratierten Perfektion von Social-Media-Profilen über die böswilligen Aktivitäten von Online-Trollen bis hin zur komplexen Dynamik der Abbruchkultur hat Narzissmus in der digitalen Landschaft fruchtbaren Boden gefunden.

Die Lösung dieser Probleme erfordert einen vielschichtigen Ansatz. Auf individueller Ebene kann die Entwicklung von Selbstbewusstsein und Fähigkeiten zum kritischen Denken den Benutzern helfen, die potenziellen Fallstricke sozialer Medien zu überwinden. Dazu gehört, den Unterschied zwischen kuratierten Online-Personas und der Realität zu erkennen, die psychologischen Beweggründe hinter Trolling und Cybermobbing zu verstehen und mit Nuancen und Einfühlungsvermögen an die Abbruchkultur heranzugehen.

Auf breiterer Ebene besteht Bedarf an einer verbesserten digitalen Kompetenzbildung, die nicht nur die technischen Aspekte der Nutzung von Online-Plattformen, sondern auch die psychologischen und sozialen Auswirkungen berücksichtigt. Dazu könnte die Aufklärung über die potenziellen Auswirkungen sozialer Medien auf die psychische Gesundheit, Strategien zur Erkennung und Reaktion auf Online-Belästigung sowie die Bedeutung der Überprüfung von Fakten und der Berücksichtigung mehrerer Perspektiven im Online-Diskurs gehören.

Auch Social-Media-Plattformen tragen die Verantwortung, sicherere Online-Umgebungen zu schaffen. Dazu könnten robustere Moderationssysteme, verbesserte Tools für Benutzer zur Kontrolle ihrer Online-Erlebnisse und Algorithmen gehören, die sinnvolle Interaktionen um jeden Preis Vorrang vor Engagement geben.

Letztendlich hat das digitale Zeitalter zwar bestimmte narzisstische Tendenzen verstärkt, aber auch beispiellose Möglichkeiten für Kontakte, Lernen und positive Veränderungen eröffnet. Indem wir eine Kultur der Empathie, des kritischen Denkens und einer verantwortungsvollen digitalen Bürgerschaft fördern, können wir darauf hinarbeiten, das positive Potenzial dieser Plattformen zu nutzen und gleichzeitig ihr Schadenspotenzial zu mindern.

Kapitel 7

Narzissmus in der Führung: Wenn die Macht korrumpiert

Narzissmus in Führungspositionen ist eine allgegenwärtige und oft destruktive Kraft, die weitreichende Folgen für Organisationen, Gemeinschaften und sogar ganze Nationen haben kann. Dieses Kapitel befasst sich mit der komplexen Beziehung zwischen Narzissmus und Macht und untersucht, wie sich narzisstische Merkmale in verschiedenen Führungsrollen manifestieren können und welche Auswirkungen sie auf diejenigen haben, die unter ihrem Einfluss stehen.

Der Zusammenhang zwischen Narzissmus und Führung ist kein Zufall. Viele der mit Narzissmus verbundenen Eigenschaften wie Selbstvertrauen, Charisma und eine starke Vision werden oft als wünschenswerte Eigenschaften von Führungskräften angesehen. Wenn diese Eigenschaften jedoch mit den dunkleren Aspekten des Narzissmus gepaart werden – Mangel an Empathie, Anspruch und einem unstillbaren Bedürfnis nach Bewunderung – können die Ergebnisse katastrophal sein.

Politischer Narzissmus ist ein Phänomen, das im Laufe der Geschichte beobachtet wurde und weiterhin die Landschaft der modernen Regierungsführung prägt. Politische Führer mit narzisstischen Tendenzen verfügen oft über eine magnetische Ausstrahlung, die ihre Anhänger fesseln und inspirieren kann. Sie präsentieren sich möglicherweise als Visionäre mit der einzigartigen Fähigkeit, komplexe Probleme zu lösen und ihre Wähler in eine bessere Zukunft zu führen. Dieses Charisma kann ein wirkungsvolles Instrument sein, um Unterstützung zu mobilisieren und politische Ziele zu erreichen.

Allerdings ist die Grenze zwischen Charisma und Charakter bei narzisstischen Politikern oft fließend. Während ihr Charme und ihr Selbstvertrauen ihnen möglicherweise Unterstützer einbringen, können ihre zugrunde liegenden narzisstischen Eigenschaften zu nachteiligen Ergebnissen führen. Diese Führungskräfte geben möglicherweise ihren eigenen Interessen und ihrem Image Vorrang vor den Bedürfnissen ihrer Wähler, treffen impulsive

Entscheidungen auf der Grundlage ihres Egos und nicht sorgfältiger Überlegung und haben Schwierigkeiten, Kritik anzunehmen oder Fehler zuzugeben.

Narzisstische politische Führer neigen oft dazu, eine „Wir gegen sie"-Mentalität zu entwickeln und sich als alleiniger Beschützer vor wahrgenommenen Bedrohungen zu positionieren. Dieser spaltende Ansatz kann den sozialen Zusammenhalt und die demokratischen Werte untergraben. Darüber hinaus kann ihr Bedürfnis nach ständiger Bewunderung dazu führen, dass sie übertriebene Versprechungen machen, die schwer oder gar nicht zu erfüllen sind, was letztendlich ihre Anhänger enttäuschen und desillusionieren kann.

Die Auswirkungen des politischen Narzissmus reichen über die inneren Angelegenheiten hinaus. In den internationalen Beziehungen können sich narzisstische Führungskräfte aggressiv verhalten, Kompromisse in Verhandlungen verweigern oder vorschnelle Entscheidungen treffen, die die globale Stabilität gefährden. Ihr überhöhtes Selbstwertgefühl kann dazu führen, dass diplomatische Normen missachtet werden und Konflikte eskalieren.

In der Unternehmenswelt kann sich Narzissmus auf Führungsebene als „toxisches CEO-Syndrom" manifestieren. Narzisstische CEOs gelangen oft durch eine Kombination aus Charme, Vision und rücksichtslosem Ehrgeiz an die Macht. Sie können zunächst als dynamische und transformative Führungskräfte angesehen werden, die in der Lage sind, Innovation und Wachstum voranzutreiben. Allerdings können ihre narzisstischen Züge ein toxisches Arbeitsumfeld schaffen und letztendlich den langfristigen Erfolg des Unternehmens beeinträchtigen.

Toxische CEOs zeigen typischerweise mehrere Schlüsselverhaltensweisen, die auf ihrem Narzissmus beruhen. Sie nehmen möglicherweise Anerkennung für die Arbeit anderer in Anspruch und weisen gleichzeitig die Schuld für Misserfolge von sich ab, wodurch eine Kultur der Angst und des Unmuts unter den Mitarbeitern entsteht. Ihr Bedürfnis nach Bewunderung kann zu übermäßiger Risikobereitschaft und grandiosen Projekten führen, die eher ihrem Ego als Nutzen für das Unternehmen dienen. Sie umgeben sich möglicherweise auch mit Ja-Männern und Ja-Frauen, was abweichende Meinungen unterdrückt und die Vielfalt der

Perspektiven einschränkt, die für eine fundierte Entscheidungsfindung erforderlich sind.

Der Einfluss eines narzisstischen CEO geht über die internen Abläufe des Unternehmens hinaus. Ihr Handeln kann sich auf Aktionäre, Kunden und sogar ganze Branchen auswirken. Unethische Praktiken, die auf Anspruchsdenken und mangelndem Einfühlungsvermögen beruhen, können zu Skandalen führen, die den Ruf und die finanzielle Lage des Unternehmens schädigen. Der kurzfristige Fokus auf persönlichen Ruhm geht oft zu Lasten der langfristigen Nachhaltigkeit und des Stakeholder-Value.

Die vielleicht extremste Manifestation narzisstischer Führung findet sich bei Sektenführern. Diese Personen stellen die ultimative Form der narzisstischen Manipulation dar und üben ein außerordentliches Maß an Kontrolle über das Leben, die Überzeugungen und die Handlungen ihrer Anhänger aus. Sektenführer verfügen in der Regel über eine charismatische Persönlichkeit, die es ihnen ermöglicht, treue Anhänger anzuziehen und zu halten. Sie beanspruchen oft besondere Kenntnisse, Kräfte oder eine göttliche Mission und positionieren sich als einzige Quelle der Wahrheit und Erlösung für ihre Anhänger.

Die narzisstischen Züge von Sektenführern werden im Kontext ihrer Führung verstärkt und als Waffe eingesetzt. Ihre Grandiosität manifestiert sich im Anspruch auf Unfehlbarkeit oder sogar Göttlichkeit. Ihr Bedürfnis nach Bewunderung führt zu Forderungen nach absoluter Loyalität und Anbetung von ihren Anhängern. Ihr Mangel an Empathie ermöglicht es ihnen, ihre Anhänger ohne Reue auszubeuten und zu manipulieren.

Sektenführer wenden verschiedene psychologische Taktiken an, um die Kontrolle über ihre Anhänger zu behalten. Sie isolieren ihre Mitglieder möglicherweise von äußeren Einflüssen und schaffen so einen Echoraum, der ihre Lehren stärkt und kritisches Denken entmutigt. Sie nutzen oft Angst und Schuldgefühle als Kontrollinstrumente und drohen mit schlimmen Konsequenzen für diejenigen, die die Gruppe in Frage stellen oder versuchen, sie zu verlassen. Das Macht- und Kontrollbedürfnis des narzisstischen Sektenführers kann zu immer extremeren Anforderungen und

Verhaltensweisen führen, die manchmal in tragischen Folgen für ihre Anhänger gipfeln.

Der Einfluss von Sektenführern geht über ihre unmittelbaren Anhänger hinaus. Familien werden oft auseinandergerissen, wenn einzelne Personen sich in der Ideologie der Sekte verfestigen. Gemeinschaften können durch die Präsenz einer Sekte gestört werden, und in manchen Fällen können Sektenaktivitäten zu illegalen Handlungen oder Gewalt gegen vermeintliche Feinde eskalieren.

In all diesen Bereichen – politischer, unternehmerischer und Sektenführung – teilen narzisstische Führer gemeinsame Merkmale und Verhaltensweisen, die zu ihrem Aufstieg zur Macht und ihrem Potenzial, Schaden anzurichten, beitragen. Ein Schlüsselfaktor ist ihre Fähigkeit, die Schwachstellen und Wünsche anderer auszunutzen. Narzisstische Führungskräfte sind oft in der Lage zu erkennen, was die Menschen hören wollen, und ihre Botschaft entsprechend anzupassen. Sie versprechen möglicherweise einfache Lösungen für komplexe Probleme, vermitteln ein Zugehörigkeits- oder Sinngefühl oder appellieren an die Ängste und Unsicherheiten der Menschen.

Ein weiterer roter Faden ist die Schaffung einer „Wir gegen sie"-Mentalität. Narzisstische Führer positionieren sich und ihre Anhänger oft als etwas Besonderes oder Überlegenes, während sie Außenstehende oder Kritiker dämonisieren. Dieser Ansatz dient dazu, die Position des Leiters zu stärken, indem er die Gruppenloyalität fördert und ihn vor Kritik schützt.

Die Beziehung zwischen Narzissmus und Macht ist komplex und oft selbstverstärkend. Während narzisstische Merkmale Menschen dabei helfen können, Machtpositionen zu erlangen, kann die Erfahrung, Macht auszuüben, selbst narzisstische Tendenzen verstärken. Dieses Phänomen, das manchmal als „erworbener Situationsnarzissmus" bezeichnet wird, kann sogar diejenigen betreffen, die anfangs nur wenige narzisstische Züge zeigten. Die ständige Bewunderung, das Fehlen von Zwängen und die Fähigkeit, das Leben anderer zu kontrollieren, können zu einem wachsenden Gefühl von Grandiosität und Anspruch führen.

Es ist wichtig zu beachten, dass nicht alle charismatischen oder mächtigen Anführer Narzissten sind und nicht alle Narzissten Anführer werden. Die Strukturen vieler Organisationen und Gesellschaften belohnen und fördern jedoch häufig Personen mit narzisstischen Merkmalen, insbesondere in Zeiten der Unsicherheit oder Krise, in denen Menschen möglicherweise eine starke, selbstbewusste Führung anstreben.

Um das Problem des Narzissmus in der Führung anzugehen, ist ein vielschichtiger Ansatz erforderlich. Auf organisatorischer Ebene ist es von entscheidender Bedeutung, robuste Kontrollsysteme zu implementieren, um zu verhindern, dass zu viel Macht in den Händen einer einzelnen Person liegt. Dazu können starke Vorstände, Amtszeitbeschränkungen für politische Führer sowie Mechanismen zur Meldung von Missständen und zur Rechenschaftspflicht gehören.

Bildung und Bewusstsein sind ebenfalls von entscheidender Bedeutung. Wenn Menschen die Anzeichen und Auswirkungen narzisstischer Führung verstehen, können sie bei der Auswahl ihrer Führungskräfte anspruchsvoller und resistenter gegenüber Manipulationen werden. Dazu gehört die Entwicklung kritischer Denkfähigkeiten, die Förderung vielfältiger Perspektiven und die

Förderung einer Kultur, die Empathie, Zusammenarbeit und ethisches Verhalten über Charisma und Eigenwerbung stellt.

Für diejenigen, die bereits unter dem Einfluss eines narzisstischen Führers stehen, sei es in einem politischen, unternehmerischen oder Sektenkontext, ist das Erkennen der Dynamik, die im Spiel ist, der erste Schritt zur Befreiung. Unterstützungssysteme, Therapie und Aufklärung können Einzelpersonen dabei helfen, sich von den psychologischen Auswirkungen narzisstischer Misshandlung und Manipulation zu erholen.

Zusammenfassend lässt sich sagen, dass narzisstische Züge zwar manchmal dazu beitragen können, dass eine Person an die Macht gelangt, die negativen Auswirkungen narzisstischer Führung überwiegen jedoch bei weitem alle kurzfristigen Vorteile. Indem wir die Dynamik des Narzissmus in der Führung verstehen, können wir darauf hinarbeiten, Systeme und Kulturen zu schaffen, die gesündere, ethischere Formen der Führung fördern. Dieser Wandel ist nicht nur für das Wohlergehen von Einzelpersonen und Organisationen, sondern auch für die Gesundheit unserer Demokratien und

Gesellschaften insgesamt von entscheidender Bedeutung.

Kapitel 8

Der verdeckte Narzisst: Wölfe im Schafspelz

Verdeckter Narzissmus, oft auch als verletzlicher Narzissmus bezeichnet, ist eine weniger offensichtliche und heimtückischere Form der narzisstischen Persönlichkeitsstörung. Im Gegensatz zu ihren grandiosen Gegenstücken präsentieren verdeckte Narzissten eine Fassade der Demut und Selbstverleugnung, was es besonders schwierig macht, sie zu identifizieren und mit ihnen umzugehen.

Passiv-aggressives Verhalten ist ein Kennzeichen des verdeckten Narzissmus, wobei die stille Behandlung eine seiner stärksten Manifestationen ist. Wenn ein verdeckter Narzisst die stille Behandlung anwendet, zieht er sich nicht nur aus der Kommunikation zurück; Sie nutzen Schweigen als Waffe, um ihr Ziel zu bestrafen, zu kontrollieren und zu manipulieren. Diese Taktik kann für Beziehungen äußerst schädlich sein, da sie den Empfänger verwirrt und ängstlich macht und ihm oft die Schuld am Rückzug des Narzissten gibt.

Die stille Behandlung ist nur eine Facette des passiv-aggressiven Arsenals des verdeckten Narzissten. Weitere Verhaltensweisen sind Aufschub, absichtliche Ineffizienz, Sturheit und der Einsatz von Sarkasmus oder verschleierten Beleidigungen. Diese Handlungen ermöglichen es dem Narzissten, seine Aggression auszudrücken und die Kontrolle zu behalten, während er gleichzeitig eine Fassade der Unschuld oder sogar der Opferrolle aufrechterhält. Beispielsweise könnte ein verdeckter Narzisst bereit sein, eine Aufgabe zu erledigen, sie dann aber absichtlich schlecht ausführen und andere dazu zwingen, entweder minderwertige Ergebnisse zu akzeptieren oder sich mit ihnen auseinanderzusetzen. An diesem Punkt kann der Narzisst behaupten, dass er ungerechtfertigt kritisiert wird.

Über die stille Behandlung hinaus können verdeckte Narzissten subtile Sabotage betreiben, wichtige Informationen zurückhalten oder Situationen schaffen, in denen andere zum Scheitern verurteilt sind. Sie könnten Klatsch verbreiten oder Rufmorde verüben, während sie sich gegenüber dem Ziel freundlich verhalten. Dieses doppelseitige Verhalten dient dazu, ihre Opfer zu isolieren und zu untergraben und gleichzeitig das Image des Narzissten als freundliches und hilfsbereites Individuum zu wahren.

Die Nutzung der Opferrolle als Waffe ist ein weiterer entscheidender Aspekt des verdeckten Narzissmus. Verdeckte Narzissten stellen sich oft als ewige Märtyrer dar, die ständig unter der Gewalt einer ungerechten Welt oder grausamer Individuen leiden. Diese Taktik dient mehreren Zwecken. Erstens weckt es Sympathie und Aufmerksamkeit und erfüllt das Bedürfnis des Narzissten nach Bewunderung und Unterstützung. Zweitens lenkt es Verantwortung und Kritik vom Narzisst ab, da er sich in jedem Konflikt als die geschädigte Partei positioniert. Schließlich kann es dazu genutzt werden, andere dazu zu manipulieren, ihnen eine Sonderbehandlung zu gewähren oder Zugeständnisse zu machen.

Verdeckte Narzissten sind geschickt darin, jede Situation in eine Gelegenheit zu verwandeln, das Opfer zu spielen. Sie könnten kleinere

Beleidigungen übertreiben, neutrale Ereignisse als persönliche Angriffe umdeuten oder sogar Szenarios erfinden, in denen ihnen Unrecht zugefügt wurde. Diese ständige Opfererzählung kann für die Menschen um sie herum anstrengend sein, da sie kontinuierliche emotionale Unterstützung und Bestätigung erfordert. Es macht es auch schwierig, echte Probleme in Beziehungen mit dem Narzissten anzusprechen, da jede geäußerte Kritik oder Sorge wahrscheinlich mit dem Vorwurf einer weiteren Viktimisierung beantwortet wird.

Der Märtyrerkomplex eines verdeckten Narzissten erstreckt sich oft auf seine Sicht auf seine Rolle im Leben. Sie stellen sich möglicherweise als selbstlose Individuen dar, die alles für andere opfern, während sie gleichzeitig Groll hegen und Anerkennung für ihre „Selbstlosigkeit" erwarten. Dadurch entsteht eine paradoxe Situation, in der sie gleichzeitig nach Lob für ihre Opfer streben und sich gleichzeitig darüber beschweren, wie wenig Wertschätzung sie erfahren.

Falsche Bescheidenheit ist das dritte Schlüsselelement im Verhaltensrepertoire des verdeckten Narzissten. Während grandiose

Narzissten offen mit ihren Leistungen und Qualitäten prahlen, wenden verdeckte Narzissten subtilere Taktiken an, um Bewunderung zu erlangen. Bescheidenheit ist eine gängige Technik, bei der sie ihre Leistungen oder Qualitäten auf eine Weise herunterspielen, die tatsächlich Aufmerksamkeit auf sie lenkt. Ein verdeckter Narzisst könnte zum Beispiel so etwas sagen wie: „Ich kann nicht glauben, dass ich bei der Arbeit noch einmal eine Auszeichnung gewonnen habe. Das liegt wahrscheinlich nur daran, dass es sonst niemand wollte", und sucht dabei nach Komplimenten und Bestätigung, während er gleichzeitig bescheiden wirkt.

Selbstironie ist ein weiteres Werkzeug im Arsenal falscher Bescheidenheit des verdeckten Narzissten. Indem sie sich selbst herabsetzen, laden sie andere dazu ein, ihnen zu widersprechen und Lob auszusprechen. Diese Taktik kann besonders effektiv sein, weil sie die natürliche Neigung der Menschen nutzt, unterstützend und freundlich zu sein. Allerdings ist die Selbstironie des verdeckten Narzissten nicht echt; Es ist ein kalkulierter Schachzug, um bei anderen Bewunderung und Bestätigung hervorzurufen. Mit der Zeit kann dieses ständige Bedürfnis nach Bestätigung für die Menschen in ihrer Umgebung anstrengend werden.

Die falsche Bescheidenheit verdeckter Narzissten erstreckt sich oft auf ihre Leistungen und Talente. Sie spielen ihre Fähigkeiten oder Erfolge möglicherweise herunter und werden dann verärgert, wenn andere sie nicht ausreichend anerkennen oder schätzen. Dadurch entsteht eine verwirrende Dynamik, bei der sie scheinbar Lob oberflächlich ablehnen, aber innerlich brodeln, wenn sie nicht genug davon erhalten.

Verdeckte Narzissten nutzen möglicherweise auch falsche Bescheidenheit, um mit anderen zu konkurrieren. Indem sie sich als Außenseiter oder als weniger fähig präsentieren, als sie tatsächlich sind, wollen sie die Erwartungen übertreffen und mehr Lob einheimsen. Dies kann im beruflichen Umfeld besonders heimtückisch sein, wo sie möglicherweise ihre Fähigkeiten einschränken, nur um zu übertreffen und andere im Vergleich dazu weniger kompetent erscheinen zu lassen.

Es ist wichtig zu beachten, dass diese Verhaltensweisen – passive Aggression, Opferrolle und falsche Bescheidenheit – in den Verhaltensmustern des verdeckten Narzissten oft miteinander verflochten sind und sich gegenseitig verstärken. Zum Beispiel könnte ein verdeckter Narzisst auf eine vermeintliche Kränkung mit passiv-aggressivem Verhalten reagieren, dann das Opfer spielen, wenn er damit konfrontiert wird, und schließlich falsche Bescheidenheit nutzen, um jegliche Verantwortung für seine Handlungen abzuwehren.

Die Auswirkungen dieser Verhaltensweisen auf die Menschen in der Umgebung des verdeckten Narzissten können tiefgreifend und lang anhaltend sein. Partner, Freunde, Familienmitglieder und Kollegen von verdeckten Narzissten berichten oft, dass sie sich verwirrt, manipuliert und emotional ausgelaugt fühlen. Die subtile Natur des verdeckten Narzissmus kann es den Opfern erschweren, die Ursache ihres Leidens zu identifizieren, was mit der Zeit zu Selbstzweifeln und einem Schwund des Selbstwertgefühls führt.

In Beziehungen erzeugen verdeckte Narzissten oft eine Dynamik emotionaler Instabilität. Ihre Partner laufen möglicherweise ständig auf Eierschalen und sind sich nie sicher, was einen Anfall von passiver Aggression oder Opferrolle auslösen könnte. Die falsche Bescheidenheit kann zu einer einseitigen Beziehung führen, in der die Bedürfnisse des Narzissten nach Bestätigung und Bewunderung ständig befriedigt werden, während die emotionalen Bedürfnisse seines Partners vernachlässigt werden.

Im beruflichen Umfeld können verdeckte Narzissten besonders destruktiv sein. Ihre passiv-aggressiven Tendenzen können den Teamzusammenhalt und die Produktivität untergraben, während ihre Neigung, das Opfer zu spielen, es schwierig machen kann, sie für ihre Handlungen oder Leistungen zur Verantwortung zu ziehen. Ihre falsche Bescheidenheit kann es Vorgesetzten erschweren, ihre Fähigkeiten und Beiträge genau einzuschätzen, was möglicherweise zu einer unfairen Behandlung anderer Teammitglieder führt.

Das Erkennen und der Umgang mit verdecktem Narzissmus erfordert ein hohes Maß an Bewusstsein und emotionaler Intelligenz. Im Gegensatz zum grandiosen Narzissmus, der oft sofort erkennbar ist, kann verdeckter Narzissmus subtil und heimtückisch sein. Opfer fühlen sich möglicherweise verwirrt, ängstlich oder deprimiert, ohne zu verstehen, warum.

Zu den wichtigsten Anzeichen, auf die Sie achten sollten, gehören:

1. Ein anhaltendes Gefühl, manipuliert oder kontrolliert zu werden, auch wenn Sie bestimmte Aktionen nicht genau bestimmen können.

2. Sich für den emotionalen Zustand oder das Wohlbefinden des Narzissten verantwortlich fühlen.

3. Ständiges Bedürfnis verspüren, die Person zu beruhigen oder zu loben.

4. Erkennen eines Musters passiv-aggressiven Verhaltens, insbesondere als Reaktion auf wahrgenommene Kränkungen.

5. Beobachten einer Diskrepanz zwischen der selbsternannten Demut der Person und ihrer Erwartung einer Sonderbehandlung oder Anerkennung.

Der Umgang mit einem verdeckten Narzissten erfordert oft eine Kombination aus Grenzsetzung, emotionaler Distanzierung und in manchen Fällen der Suche nach professioneller Hilfe. Es ist wichtig zu erkennen, dass das Verhalten des verdeckten Narzissten nicht Ihren Wert oder Ihre Handlungen widerspiegelt, sondern vielmehr auf seinen eigenen tiefsitzenden Unsicherheiten und seinem Bedürfnis nach Kontrolle beruht.

Verdeckter Narzissmus stellt eine komplexe und herausfordernde Form narzisstischen Verhaltens dar. Aufgrund seiner subtilen Natur, die durch passiv-aggressive Taktiken, Opferrolle als Waffe und falsche Bescheidenheit gekennzeichnet ist, ist es besonders schwierig, ihn zu identifizieren und anzugehen. Aber wenn wir diese Verhaltensweisen und ihre Auswirkungen verstehen, können wir uns besser darauf vorbereiten, verdeckte Narzissten zu erkennen und mit ihnen umzugehen, unser emotionales Wohlbefinden zu schützen und gesündere Beziehungen aufrechtzuerhalten.

Kapitel 9

Narzisstisches Missbrauchssyndrom: Die versteckten Narben

Die heimtückische Natur narzisstischen Missbrauchs hinterlässt bei den Opfern oft tiefe, unsichtbare Wunden, deren Heilung Jahre dauern kann. Dieses Kapitel befasst sich mit den komplexen und verheerenden Auswirkungen einer längeren Exposition gegenüber narzisstischem Verhalten und untersucht das Konzept des narzisstischen Missbrauchssyndroms und seine weitreichenden Folgen.

Emotionale Erschöpfung: Von Eierschalen leben

Einer der tiefgreifendsten und schwächendsten Aspekte des narzisstischen Missbrauchssyndroms ist der Zustand ständiger emotionaler Erschöpfung, den die Opfer erleben. Diese Erschöpfung ist auf den ständigen Zustand der Hypervigilanz zurückzuführen, der sich entwickelt, wenn man mit einem Narzissten zusammenlebt.

Im Fall von Mark und Sarah können wir sehen, wie sich diese Dynamik im Verlauf ihrer Beziehung auswirkte. Sarah, einst lebhaft und selbstbewusst, war ständig nervös und wusste nie, was Marks nächsten Ausbruch oder seine nächste manipulative Taktik auslösen könnte. Sie beschrieb ihr Leben als „auf Eierschalen laufen", eine gebräuchliche Phrase, die von Opfern narzisstischen Missbrauchs verwendet wird.

Dieser Zustand ständiger Wachsamkeit belastet das Nervensystem des Opfers enorm. Die Stressreaktion des Körpers wird kontinuierlich aktiviert, was zu einer Vielzahl körperlicher und emotionaler Symptome führt. Opfer berichten oft:

1. Chronische Müdigkeit
2. Schlaflosigkeit oder Schlafstörungen
3. Angst- und Panikattacken
4. Depression
5. Geschwächtes Immunsystem
6. Magen-Darm-Probleme
7. Muskelverspannungen und chronische Schmerzen

Sarah erlebte viele dieser Symptome. Sie konnte nachts nicht durchschlafen und schreckte oft beim kleinsten Geräusch auf, weil sie befürchtete, es könnte Mark sein, der in unvorhersehbarer Stimmung nach Hause kam. Ihre Arbeitsleistung litt darunter, dass sie Schwierigkeiten hatte, sich zu konzentrieren, ständig abgelenkt von der Sorge darüber, welche Stimmung auf sie zukommen würde, wenn sie nach Hause zurückkehrte.

Die emotionale Erschöpfung geht über das bloße Gefühl der Müdigkeit hinaus. Opfer beschreiben oft ein Gefühl emotionaler Taubheit oder Leere. Sarah vertraute ihrem Therapeuten an, dass sie sich wie eine „Hülle ihres früheren Selbst" fühlte und nicht in der Lage war, die Freude und Begeisterung wiederzuerlangen, die sie einst für das Leben empfand.

Diese emotionale Erschöpfung ist ein Überlebensmechanismus. Angesichts des ständigen emotionalen Missbrauchs und der Manipulation schaltet die Psyche unwesentliche emotionale Reaktionen ab, um Energie für die Navigation durch die tückischen Gewässer der narzisstischen Beziehung zu sparen.

Kognitive Dissonanz: Wenn Liebe und Missbrauch nebeneinander existieren

Einer der verwirrendsten und psychologisch schädlichsten Aspekte des narzisstischen Missbrauchssyndroms ist die kognitive Dissonanz, die aus der gleichzeitigen Existenz von Liebe und Missbrauch in der Beziehung entsteht.

Kognitive Dissonanz entsteht, wenn eine Person gleichzeitig zwei widersprüchliche Überzeugungen oder Werte vertritt. Im Zusammenhang mit narzisstischem Missbrauch ist das Opfer gefangen zwischen seiner Liebe zum Täter und der Realität des Missbrauchs, den es erlebt.

Für Sarah manifestierte sich dies in einem ständigen inneren Kampf. Einerseits erinnerte sie sich an den charmanten, aufmerksamen Mark, in den sie sich verliebt hatte – den Mann, der sie mit großen Gesten und Erklärungen unsterblicher Liebe umgehauen hatte. Andererseits wurde sie täglich mit seinen grausamen Kommentaren, seinem manipulativen Verhalten und seiner emotionalen Vernachlässigung konfrontiert.

Diese Dissonanz erzeugt ein psychologisches Tauziehen, das unglaublich destabilisierend sein kann. Opfer finden sich oft:

1. An den eigenen Wahrnehmungen und Erinnerungen zweifeln
2. Missbräuchliches Verhalten herunterspielen oder entschuldigen
3. Sich selbst die Schuld für die Taten des Täters geben
4. An der Hoffnung festhalten, dass die „gute" Version ihres Partners zurückkommt
5. Sich schämen, weil man in der Beziehung bleibt
6. Verwirrung über ihre eigenen Gefühle erleben

Sarahs Erfahrung veranschaulicht viele dieser Probleme. Sie stellte oft ihre eigene Erinnerung an Ereignisse in Frage, insbesondere wenn Mark sein missbräuchliches Verhalten leugnete oder herunterspielte. Sie entschuldigte sich für sein Verhalten und sagte sich und anderen, dass er nur von der Arbeit gestresst sei oder dass sie ihn irgendwie wütend gemacht hätte.

Die kognitive Dissonanz wurde durch die in narzisstischen Beziehungen typischen

Missbrauchszyklen noch komplizierter. Mark schwankte zwischen Perioden des Charmes und der Grausamkeit, ein Muster, das als „Love Bombing" bekannt ist, gefolgt von einer Abwertung. Diese Inkonsistenz brachte Sarah aus dem Gleichgewicht und war sich nie sicher, welcher Version von Mark sie begegnen würde.

Diese kognitive Dissonanz kann auch nach dem Ende der Beziehung bestehen bleiben. Viele Opfer kämpfen mit widersprüchlichen Gefühlen, verspüren gleichzeitig Erleichterung darüber, vom Missbrauch befreit zu sein und sehnen sich nach der idealisierten Version ihres Täters, die nie wirklich existiert hat.

PTSD und C-PTSD: Die langfristigen Auswirkungen von narzisstischem Missbrauch

Die längere Exposition gegenüber narzisstischem Missbrauch kann zu schweren psychischen Traumata führen, die häufig zu einer posttraumatischen Belastungsstörung (PTBS) oder einer komplexen posttraumatischen Belastungsstörung (C-PTSD) führen. Diese Zustände stellen die langfristigen, tief verwurzelten

Auswirkungen eines Lebens in einem Zustand ständigen Stresses und emotionalen Aufruhrs dar.

Posttraumatische Belastungsstörung (PTBS)
PTSD geht typischerweise mit einzelnen, akuten traumatischen Ereignissen einher. Allerdings kann auch die kumulative Wirkung anhaltenden narzisstischen Missbrauchs diesen Zustand auslösen. Bei Opfern narzisstischen Missbrauchs können PTBS-Symptome auftreten wie:

1. Aufdringliche Gedanken oder Rückblenden missbräuchlicher Vorfälle
2. Albträume im Zusammenhang mit dem Missbrauch
3. Intensive emotionale oder körperliche Reaktionen auf Erinnerungen an den Missbrauch
4. Vermeidung von Menschen, Orten oder Situationen, die Erinnerungen an den Missbrauch auslösen
5. Hypervigilanz und übertriebene Schreckreaktion
6. Konzentrations- oder Schlafschwierigkeiten
7. Gereiztheit oder Wutausbrüche
8. Gefühle der Distanzierung oder emotionalen Taubheit

Im Fall von Sarah verspürte sie jedes Mal starke Angst, wenn sie das Zuschlagen einer Autotür hörte, da es sie an Marks verärgerte Ankunft zu Hause erinnerte. Sie hatte lebhafte Albträume über vergangene Auseinandersetzungen und wachte oft schweißgebadet auf. Selbst Monate nachdem sie Mark verlassen hatte, kämpfte Sarah mit diesen Symptomen und fand es schwierig, neuen Menschen zu vertrauen oder sich in romantischen Situationen sicher zu fühlen.

Komplexe posttraumatische Belastungsstörung (C-PTSD)

Obwohl PTBS schwerwiegend ist, argumentieren viele Experten, dass die Auswirkungen von langfristigem narzisstischem Missbrauch besser durch das Konzept der komplexen posttraumatischen Belastungsstörung (C-PTSD) erfasst werden. C-PTSD entwickelt sich als Reaktion auf ein anhaltendes, wiederholtes Trauma, insbesondere in Situationen, in denen sich das Opfer gefangen oder machtlos fühlt.

C-PTBS umfasst alle Symptome einer PTBS, bringt aber auch zusätzliche Herausforderungen mit sich:

1. Schwierigkeiten, Emotionen zu regulieren, einschließlich explosiver Wut oder tiefer Traurigkeit
2. Anhaltende Gefühle der Leere oder Hoffnungslosigkeit
3. Eine verzerrte Selbstwahrnehmung, oft verbunden mit tiefer Scham oder Schuldgefühlen
4. Schwierigkeiten, Beziehungen aufrechtzuerhalten
5. Verlust von Bedeutungssystemen, einschließlich Glauben oder Zielstrebigkeit
6. Dissoziation oder emotionale Distanzierung
7. Beschäftigung mit dem Täter, einschließlich zwanghafter Gedanken über Rache oder Versöhnung

Sarahs Reise, nachdem sie Mark verlassen hatte, war eng mit C-PTBS verknüpft. Es fiel ihr schwer, Freundschaften aufrechtzuerhalten, und oft stieß sie Menschen weg, wenn sie sich zu nahe kamen. Sie kämpfte mit starken Gefühlen der Wertlosigkeit und stellte ihr Urteilsvermögen und ihre Fähigkeiten in allen Lebensbereichen in Frage. Es gab Tage, an denen sie sich völlig von ihren Gefühlen getrennt fühlte, und andere, an denen sie von ihnen überwältigt wurde.

Eine besondere Herausforderung für Sarah war ihre Beschäftigung mit Mark. Trotz der Misshandlungen, die sie erlitten hatte, dachte sie ständig an ihn und schwankte zwischen Wut und dem Wunsch nach Versöhnung. Dieser innere Konflikt bereitete ihr großen Kummer und Verwirrung.

Der Weg zur Genesung

Die Genesung vom narzisstischen Missbrauchssyndrom ist ein langer und herausfordernder Prozess, aber möglich. Für Sarah begann die Heilung mit der Anerkennung des Missbrauchs und seiner Auswirkungen auf ihr Leben. Sie suchte professionelle Hilfe und nahm eine traumainformierte Therapie in Anspruch, um ihre C-PTSD-Symptome zu behandeln.

Zu den Schlüsselelementen von Sarahs Genesung gehörten:

1. Aufklärung über narzisstischen Missbrauch und seine Auswirkungen
2. Erlernen von Erdungstechniken zur Bewältigung von Flashbacks und Ängsten
3. Kognitive Umstrukturierung, um negative Selbstwahrnehmungen in Frage zu stellen
4. Fähigkeiten zur Emotionsregulation

5. Übungen zum Setzen von Grenzen
6. Schrittweise Expositionstherapie zur Reduzierung
des Vermeidungsverhaltens
7. Achtsamkeits- und Selbstmitgefühlspraktiken

Sarah empfand auch große Vorteile darin, einer
Selbsthilfegruppe für Überlebende narzisstischen
Missbrauchs beizutreten. Das Hören der
Geschichten anderer half ihr, sich weniger allein zu
fühlen, und bestätigte ihre Erfahrungen.

Es ist wichtig zu beachten, dass die Erholung nicht
linear verläuft. Sarah hatte gute und schlechte Tage,
Momente des Durchbruchs, denen Rückschläge
folgten. Mit der Zeit und konsequenter Anstrengung
begann sie jedoch, ihr Selbstbewusstsein
zurückzugewinnen und ihr Leben neu aufzubauen.

Emotionale Erschöpfung, kognitive Dissonanz und
langfristige Traumareaktionen können tiefgreifende
Auswirkungen auf die psychische Gesundheit, die
Beziehungen und die allgemeine Lebensqualität
einer Person haben.

Das Verständnis dieser Auswirkungen ist nicht nur
für die Überlebenden von entscheidender

Bedeutung, sondern auch für psychiatrische Fachkräfte, Freunde und Familienmitglieder, die sie unterstützen. Das Erkennen der Anzeichen eines narzisstischen Missbrauchssyndroms kann der erste Schritt zur Heilung und Genesung sein.

Für diejenigen, die vermuten, dass sie an einem narzisstischen Missbrauchssyndrom leiden könnten, ist es wichtig, sich daran zu erinnern, dass die Symptome, die sie erleben, normale Reaktionen auf ungewöhnliche Situationen sind. Verwirrung, Selbstzweifel und emotionaler Aufruhr sind keine Zeichen von Schwäche oder Versagen, sondern vielmehr die natürlichen Folgen einer längeren Exposition gegenüber manipulativem und missbräuchlichem Verhalten.

Schritte zur Heilung

1. Suchen Sie professionelle Hilfe: Ein Therapeut mit Erfahrung in narzisstischem Missbrauch kann unschätzbare Unterstützung und Anleitung bieten. Sie können dabei helfen, Ihre Erfahrungen zu validieren, Traumata zu verarbeiten und Bewältigungsstrategien zu entwickeln.

2. Informieren Sie sich: Das Erlernen der narzisstischen Persönlichkeitsstörung und der Dynamik narzisstischen Missbrauchs kann Ihnen helfen, Ihre Erfahrungen zu verstehen und Selbstvorwürfe zu reduzieren.

3. Üben Sie Selbstfürsorge: Priorisieren Sie Ihr körperliches und emotionales Wohlbefinden. Dazu können Bewegung, gesunde Ernährung, ausreichend Schlaf und Aktivitäten gehören, die Ihnen Spaß machen.

4. Grenzen setzen: Lernen Sie, gesunde Grenzen zu setzen und aufrechtzuerhalten, sowohl mit dem Narzissten (falls Kontakt erforderlich ist) als auch in anderen Beziehungen.

5. Bauen Sie ein Unterstützungsnetzwerk auf: Umgeben Sie sich mit unterstützenden Freunden und Familie. Erwägen Sie den Beitritt zu einer Selbsthilfegruppe für Überlebende narzisstischen Missbrauchs.

6. Achtsamkeit üben: Techniken wie Meditation können helfen, mit Ängsten und aufdringlichen Gedanken umzugehen.

7. Tagebuch führen: Das Schreiben über Ihre Erfahrungen kann therapeutisch sein und Ihnen helfen, Ihre Emotionen zu verarbeiten.

8. Kein Kontakt oder eingeschränkter Kontakt: Wenn möglich, erwägen Sie, den Kontakt mit dem Narzissten abzubrechen. Wenn dies nicht möglich ist (z. B. bei gemeinsamer Elternschaft), streben Sie einen begrenzten, strukturierten Kontakt an.

Die Auswirkungen auf zukünftige Beziehungen
Einer der schwierigsten Aspekte bei der Genesung vom narzisstischen Missbrauchssyndrom sind seine Auswirkungen auf zukünftige Beziehungen. Überlebende kämpfen oft mit Vertrauensproblemen, Angst vor Intimität und übermäßiger Wachsamkeit gegenüber möglichen Anzeichen von Narzissmus oder Missbrauch.

Sarah stellte beispielsweise fest, dass sie jede Interaktion in ihren neuen Beziehungen überanalysierte und ständig auf der Suche nach Warnsignalen war. Sie interpretierte unschuldige Kommentare oder Handlungen oft fälschlicherweise als manipulativ, was zu unnötigen Konflikten führte.

Um diese Herausforderungen anzugehen, arbeitete Sarah mit ihrem Therapeuten an Folgendem:

1. Identifizieren gesunder Beziehungsmuster
2. Erkennen des Unterschieds zwischen normalen Beziehungskonflikten und missbräuchlichem Verhalten
3. Vertrauen in ihr eigenes Urteilsvermögen entwickeln
4. Lernen, ihre Bedürfnisse und Grenzen effektiv zu kommunizieren
5. Sich erlauben, in sicheren Beziehungen verletzlich zu sein

Die Bedeutung von Selbstmitgefühl

Während des gesamten Genesungsprozesses ist es von entscheidender Bedeutung, Selbstmitgefühl zu üben. Überlebende von narzisstischem Missbrauch verinnerlichen oft harte Selbstkritik und geben sich selbst die Schuld für den Missbrauch, den sie erlitten haben. Zu lernen, mit Freundlichkeit und Verständnis mit sich selbst umzugehen, ist ein wesentlicher Teil der Heilung.

Für Sarah bedeutete das:

1. Anerkennen, dass der Missbrauch nicht ihre Schuld war

2. Erkennen ihrer Stärke, die missbräuchliche Beziehung zu überleben und zu verlassen

3. Sich erlauben, schwierige Emotionen ohne Urteil zu fühlen und zu verarbeiten

4. Kleine Siege auf ihrer Heilungsreise feiern

5. Sich selbst mit der gleichen Freundlichkeit behandeln, die sie einer Freundin in einer ähnlichen Situation entgegenbringen würde

Das narzisstische Missbrauchssyndrom ist eine komplexe und herausfordernde Erkrankung, eine Genesung ist jedoch möglich. Mit der richtigen Unterstützung, dem richtigen Verständnis und den richtigen Werkzeugen können Überlebende von den Auswirkungen narzisstischen Missbrauchs genesen und ein erfülltes Leben führen.

Es ist wichtig, sich daran zu erinnern, dass Heilung eine Reise und kein Ziel ist. Auf dem Weg mag es Rückschläge geben, aber jeder Schritt vorwärts ist ein Sieg. Indem sie die Anzeichen des narzisstischen Missbrauchssyndroms erkennen, Hilfe suchen und sich für ihre eigene Heilung engagieren, können

Überlebende aus dem Kreislauf des Missbrauchs ausbrechen und ihr Leben zurückgewinnen.

Für diejenigen, die Überlebende unterstützen, sind Geduld, Verständnis und konsequente Unterstützung von entscheidender Bedeutung. Die Genesung von narzisstischem Missbrauch braucht Zeit, aber mit der richtigen Hilfe und den richtigen Ressourcen können Überlebende nicht nur heilen, sondern dabei auch stärker und widerstandsfähiger werden.

Kapitel 10

Befreiung: Strategien zur Flucht aus narzisstischen Beziehungen

Hallo, mutige Seele! Wenn Sie dieses Kapitel erreicht haben, sind Sie wahrscheinlich bereit für den großen Schritt in Richtung Freiheit. Aus einer narzisstischen Beziehung auszubrechen ist nicht einfach, aber es lohnt sich auf jeden Fall. Lassen Sie uns in einige wirkungsvolle Strategien eintauchen, die Ihnen helfen können, zu entkommen und Ihr Leben zurückzugewinnen.

Grenzen setzen: Die Kunst, „Nein" zu sagen

Kennen Sie das kleine Wort „Nein"? Es geht darum, Ihr neuer bester Freund zu werden. Das Setzen von Grenzen ist wie der Bau einer Festung rund um Ihr Wohlbefinden, und es beginnt damit, dass Sie lernen, „Nein" zu sagen, ohne sich schuldig zu fühlen.

Hier ist der Deal: Narzisstinnen lieben es, Ihre Knöpfe zu drücken und Ihre Grenzen zu überschreiten. Sie leben von der Kontrolle. Aber wenn Sie klare, feste Grenzen setzen, gewinnen Sie die Kontrolle zurück. Es geht nicht darum, gemein zu sein; es geht darum, sich selbst zu schützen.

Versuchen Sie Folgendes: Fangen Sie klein an. Vielleicht beschließen Sie, dass Sie nach 21 Uhr keine Anrufe mehr entgegennehmen. Wenn der Narzisst in Ihrem Leben unweigerlich um 22 Uhr anruft, lassen Sie es auf die Voicemail umleiten. Sie könnten einen Anfall bekommen, aber wissen Sie was? Das ist nicht dein Problem. Sie haben Ihre Grenzen gesetzt und halten sich daran.

Denken Sie daran, dass das Setzen von Grenzen keine einmalige Sache ist. Es ist ein fortlaufender Prozess. Möglicherweise müssen Sie sie mehrmals verstärken, aber bleiben Sie stark. Jedes Mal, wenn Sie sich behaupten, stärken Sie Ihre Selbstachtung und zeigen dem Narzissten, dass seine Manipulationstaktiken nicht mehr funktionieren.

Grey Rocking: Emotional unzugänglich werden

Lassen Sie uns nun über eine Technik namens „Grey Rocking" sprechen. Stellen Sie sich vor, Sie wären ein langweiliger, grauer Stein. Klingt nicht allzu aufregend, oder? Genau darum geht es!

Beim Grey Rocking geht es darum, sich für den Narzissten so uninteressant wie möglich zu machen. Sie sehen, Narzissten ernähren sich von Drama und emotionalen Reaktionen. Wenn Sie graues Gestein verwenden, unterbrechen Sie im Grunde ihren Nachschub.

So funktioniert das:

1. Halten Sie Ihre Antworten kurz und sachlich. Kein emotionaler Inhalt.

2. Vermeiden Sie es, persönliche Informationen oder Meinungen weiterzugeben.

3. Reagieren Sie nicht auf ihre Provokationen oder Versuche, Sie aufzuregen.

4. Behalten Sie einen neutralen Gesichtsausdruck und Tonfall bei.

Wenn der Narzisst beispielsweise versucht, Sie zu einem Streit zu verleiten, können Sie mit einem einfachen „Okay" oder „Ich verstehe" antworten. Ganz gleich, wie sehr sie dich drängen, du bleibst ruhig und teilnahmslos.

Es ist wichtig zu beachten, dass es beim Grey Rocking nicht darum geht, die Person völlig zu ignorieren. Du antwortest immer noch, nur auf die langweiligste Art und Weise, die es gibt. Dies kann besonders in Situationen nützlich sein, in denen Sie nicht umhin können, mit dem Narzissten zu interagieren, wie zum Beispiel bei Co-Parenting-Szenarien.

Kein Kontakt vs. geringer Kontakt: Den richtigen Ansatz wählen

Jetzt kommen wir zu den großen Geschützen: kein Kontakt und geringer Kontakt. Dies sind wirkungsvolle Strategien, um sich zu befreien, aber die Wahl zwischen ihnen hängt von Ihrer spezifischen Situation ab.

Kein Kontakt:

Genau so hört es sich an: Jegliche Kommunikation mit dem Narzissten abbrechen. Es ist oft der effektivste Weg, sich zu befreien und mit der Heilung zu beginnen. Kein Kontakt bedeutet:

- Sperrung ihrer Nummer und ihrer Social-Media-Konten

- Keine Reaktion auf Kommunikationsversuche

- Vermeiden Sie Orte, an denen Sie ihnen begegnen könnten

- Bitten Sie gemeinsame Freunde, keine Informationen weiterzugeben

Kein Kontakt kann besonders am Anfang eine Herausforderung sein. Möglicherweise haben Sie Schuldgefühle oder machen sich Sorgen um den Narzissten. Aber denken Sie daran: Ihr Wohlbefinden steht an erster Stelle. Es ist in Ordnung, der eigenen Heilung Priorität einzuräumen.

Niedriger Kontakt:

Manchmal ist kein Kontakt möglich. Vielleicht arbeiten Sie mit dem Narzissten zusammen, oder Sie erziehen ihn gemeinsam. In diesen Fällen ist ein geringer Kontakt die nächstbeste Option. So geht's:

1. Beschränken Sie die Interaktionen nur auf notwendige Themen (Arbeitsprojekte, Stundenpläne der Kinder usw.)

2. Nutzen Sie nach Möglichkeit die schriftliche Kommunikation (E-Mails, SMS), um Aufzeichnungen zu führen

3. Halten Sie Gespräche kurz und auf den Punkt

4. Vermeiden Sie es, persönliche Informationen weiterzugeben oder emotionale Diskussionen zu führen

Ob Sie sich für keinen oder geringen Kontakt entscheiden, bleiben Sie bei Ihrer Entscheidung. Konsistenz ist der Schlüssel. Der Narzisst könnte versuchen, Sie mit Veränderungsversprechen oder Drohungen wieder zu locken. Bleiben Sie stark und denken Sie daran, warum Sie diese Wahl getroffen haben.

Aus einer narzisstischen Beziehung auszubrechen ist eine Reise, kein Ziel. Unterwegs kann es zu Rückschlägen kommen, und das ist in Ordnung.

Seien Sie geduldig mit sich selbst und feiern Sie jeden kleinen Sieg.

Denken Sie daran, dass Sie nicht nur einer toxischen Beziehung entkommen – Sie gewinnen Ihr Leben und Ihr Selbstwertgefühl zurück. Jeder Schritt in Richtung Freiheit ist ein Akt des Mutes und der Selbstliebe.

Umsetzung Ihres Fluchtplans

Nachdem wir uns nun mit den wichtigsten Strategien befasst haben, sprechen wir über deren Umsetzung. Hier ist eine Schritt-für-Schritt-Anleitung, die Ihnen hilft, sich zu befreien:

1. Bereiten Sie sich mental vor:

Stärken Sie Ihre Entschlossenheit, bevor Sie irgendwelche Schritte unternehmen. Erinnern Sie sich daran, warum Sie das tun. Machen Sie eine Liste aller Art und Weisen, wie der Narzisst Sie verletzt hat, und beziehen Sie sich darauf, wenn Sie sich schwach fühlen.

2. Bauen Sie ein Support-Netzwerk auf:

Sie müssen dies nicht alleine tun. Wenden Sie sich an vertrauenswürdige Freunde, Familienmitglieder oder einen Therapeuten. Ein Unterstützungssystem kann einen großen Unterschied machen, wenn es schwierig wird.

3. Sichern Sie sich Ihre Essentials:

Wenn Sie mit dem Narzissten zusammenleben, sammeln Sie in aller Stille wichtige Dokumente (Ausweis, Finanzunterlagen usw.) und alle sentimentalen Gegenstände. Bewahren Sie sie an einem sicheren Ort außerhalb des Hauses auf.

4. Planen Sie Ihren Ausstieg:

Wenn Sie eine Wohngemeinschaft verlassen, planen Sie die Logistik sorgfältig. Wählen Sie nach Möglichkeit einen Zeitpunkt, zu dem der Narzisst nicht da ist. Suchen Sie einen sicheren Ort, an den Sie sich wenden können, und organisieren Sie bei Bedarf Hilfe.

5. Setzen Sie Ihre gewählte Strategie um:

Ganz gleich, ob es sich um keinen oder geringen Kontakt handelt, setzen Sie Ihren Plan in die Tat um. Seien Sie darauf vorbereitet, dass der Narzisst negativ reagiert. Sie könnten es mit Liebesbomben, Schuldgefühlen oder sogar Drohungen versuchen. Bleiben Sie stark und halten Sie an Ihrem Plan fest.

6. Üben Sie Selbstfürsorge:

Sich zu befreien ist emotional anstrengend. Passen Sie in dieser Zeit auf sich auf. Schlafen Sie ausreichend, essen Sie gut, treiben Sie Sport und nehmen Sie an Aktivitäten teil, die Ihnen Freude bereiten.

7. Suchen Sie professionelle Hilfe:

Erwägen Sie die Zusammenarbeit mit einem Therapeuten, der auf narzisstischen Missbrauch spezialisiert ist. Sie können Ihnen bei der Bewältigung dieser herausfordernden Zeit wertvolle Werkzeuge und Unterstützung bieten.

Umgang mit den Folgen

Sobald Sie sich befreit haben, können Sie eine Reihe von Emotionen verspüren – Erleichterung, Traurigkeit, Wut oder sogar Zweifel. Das ist alles normal. Hier sind einige Tipps für den Umgang mit den Folgen:

1. Erlaube dir zu trauern: Selbst toxische Beziehungen können am Ende eine Lücke hinterlassen. Es ist in Ordnung, über den Verlust dessen zu trauern, was die Beziehung Ihrer Meinung nach sein könnte.

2. Widerstehen Sie dem Drang, sich zu erkundigen: Es ist natürlich, neugierig zu sein, was der Narzisst tut, aber ein Blick auf seine sozialen Medien oder die Befragung gemeinsamer Freunde nach ihm wird Ihre Heilung nur verlangsamen.

3. Entdecken Sie sich selbst neu: Nutzen Sie diese Zeit, um sich wieder mit Hobbys oder Interessen zu beschäftigen, die Sie vielleicht vernachlässigt haben. Probieren Sie neue Dinge aus und konzentrieren Sie sich auf persönliches Wachstum.

4. Seien Sie geduldig: Heilung verläuft nicht linear. Es kann sein, dass Sie gute und schlechte Tage haben. Das ist okay. Seien Sie während des gesamten Prozesses geduldig und freundlich zu sich selbst.

5. Feiern Sie Ihren Fortschritt: Jeder Tag, an dem Sie Ihre Grenzen einhalten, ist ein Sieg. Erkennen Sie

diese Erfolge an und feiern Sie sie, egal wie klein sie auch erscheinen mögen.

Denken Sie daran, dass der Ausbruch aus einer narzisstischen Beziehung eines der mutigsten Dinge ist, die Sie tun können. Es ist nicht einfach, aber es lohnt sich. Sie verdienen ein Leben voller echter Liebe, Respekt und Glück.

Erinnern Sie sich im weiteren Verlauf immer wieder an Ihren Wert. Du bist stark, du bist belastbar und du hast die Kraft, dir ein schönes Leben zu schaffen. Dies ist nicht nur ein Ende – es ist ein neuer Anfang. Nehmen Sie es an und beobachten Sie, wie Sie aufblühen.

Das haben Sie, und auf der anderen Seite dieser Herausforderung wartet eine ganze Welt voller Möglichkeiten auf Sie. Auf Ihre Freiheit und Ihre glänzende Zukunft!

Kapitel 11

Heilung und Genesung

Hallo, mutiger Überlebender! Sie haben den mutigen Schritt gewagt, sich von narzisstischem Missbrauch zu befreien, und jetzt ist es an der Zeit, sich auf Sie zu konzentrieren. In diesem Kapitel geht es um Ihre Heilungsreise und die Wiederentdeckung der erstaunlichen Person, die Sie sind. Lass uns eintauchen!

Selbstpflegestrategien: Pflegen Sie Ihr verwundetes Selbst

Sie haben viel durchgemacht und es ist an der Zeit, sich die dringend benötigte liebevolle Zuwendung zu gönnen. Hier sind einige Selbstpflegestrategien, die Ihnen bei der Heilung helfen:

1. Achtsamkeit und Meditation:
Beginnen Sie jeden Tag mit ein paar Minuten Achtsamkeit. Es geht nicht darum, den Kopf frei zu bekommen, sondern darum, die eigenen Gedanken ohne Urteil zu beobachten. Probieren Sie Apps wie Headspace oder Calm aus, die Sie unterstützen.

2. Journaling:
Schreiben kann unglaublich therapeutisch sein.
Erstellen Sie ein „Gefühlstagebuch", in dem Sie Ihre
Gefühle zum Ausdruck bringen können, ohne Angst
vor einem Urteil zu haben. Sie werden überrascht
sein, welche Erkenntnisse Sie gewinnen!

3. Körperliche Selbstfürsorge:
Auch Ihr Körper hat Stress durchgemacht.
Behandeln Sie es freundlich mit:
  - Regelmäßige Bewegung: Schon ein 15-minütiger
Spaziergang kann die Stimmung heben.
  - Nährende Lebensmittel: Versorgen Sie Ihren
Körper mit Lebensmitteln, die Ihnen ein gutes
Gefühl geben.
  - Ausreichender Schlaf: Streben Sie 7–9 Stunden
pro Nacht an. Ihr heilendes Gehirn braucht es!

4. Kreativer Ausdruck:
Ob Malen, Singen, Tanzen oder Basteln – kreative
Aktivitäten können dabei helfen, Emotionen zu
verarbeiten und Freude wiederzuentdecken.

5. Naturtherapie:

Verbringen Sie Zeit im Freien. Ob bei einer Wanderung im Wald oder beim Sitzen im Park, die Natur hat eine Art, unsere Seele zu beruhigen.

6. Positive Affirmationen:
Erstellen Sie eine Liste mit positiven Aussagen über sich selbst. Sagen Sie sie jeden Tag laut. Es mag zunächst unangenehm sein, aber bleiben Sie dabei. Du verdrahtest dein Gehirn neu!

Therapieoptionen: Die richtige Unterstützung finden

Die Heilung von narzisstischem Missbrauch erfordert oft professionelle Hilfe. Hier sind einige Therapieoptionen, die Sie in Betracht ziehen sollten:

1. Kognitive Verhaltenstherapie (CBT):
CBT kann Ihnen dabei helfen, negative Gedankenmuster zu erkennen und zu ändern, die sich möglicherweise während Ihrer Beziehung zum Narzissten entwickelt haben.

2. Desensibilisierung und Wiederaufbereitung von Augenbewegungen (EMDR):

Diese Therapie kann besonders hilfreich sein, wenn Sie mit Beziehungstrauma zu kämpfen haben.

3. Gruppentherapie:
Der Beitritt zu einer Selbsthilfegruppe für Überlebende narzisstischen Missbrauchs kann Bestätigung und ein Gemeinschaftsgefühl vermitteln.

4. Ganzheitliche Therapien:
Erwägen Sie ergänzende Therapien wie Akupunktur, Massage oder Yoga-Therapie, um Ihr allgemeines Wohlbefinden zu unterstützen.

5. Online-Therapie:
Plattformen wie BetterHelp oder Talkspace können Sie mit Therapeuten verbinden, die auf die Genesung von narzisstischem Missbrauch spezialisiert sind.

Denken Sie daran, dass es einige Zeit dauern kann, den richtigen Therapeuten zu finden. Es ist in Ordnung, so lange herumzustöbern, bis Sie jemanden finden, mit dem Sie sich identifizieren können. Ihre Heilungsreise ist einzigartig und Sie verdienen einen Therapeuten, der Sie begleitet.

Die Wiederentdeckung Ihrer Identität: Wer wären Sie ohne den Narzissten?

Nach einer Beziehung mit einem Narzissten haben Sie möglicherweise das Gefühl, den Kontakt zu dem verloren zu haben, was Sie wirklich sind. So entdecken Sie sich selbst neu:

1. Werteerforschung:
Nehmen Sie sich Zeit, darüber nachzudenken, was Ihnen wirklich wichtig ist. Was sind Ihre Grundwerte? Wie möchtest du dein Leben leben?

2. Leidenschaftsprojekt:
Gibt es etwas, das Sie schon immer einmal ausprobieren wollten, es aber nie getan haben? Jetzt ist die Zeit! Egal, ob Sie eine neue Sprache lernen oder einen Blog starten – tauchen Sie ein in Projekte, die Sie begeistern.

3. Grenzen üben:
Es ist von entscheidender Bedeutung, zu lernen, gesunde Grenzen zu setzen und aufrechtzuerhalten. Fangen Sie klein an – vielleicht sagen Sie „Nein" zu einer kleinen Bitte. Feiern Sie jedes Mal, wenn Sie Ihre eigenen Bedürfnisse berücksichtigen.

4. Zukunftsvisionen:
Stellen Sie sich Ihr ideales Leben in fünf Jahren vor. Wie sieht es aus? Diese Übung kann Ihnen dabei helfen, Ziele zu setzen und zielgerichtet voranzukommen.

5. Beziehungsinventar:
Machen Sie eine Bestandsaufnahme Ihrer Beziehungen. Welche erheben dich? Welche erschöpfen dich? Es ist in Ordnung, sich von Menschen zu distanzieren, die Ihr Wachstum nicht unterstützen.

6. Übungen zur Selbstfindung:
Probieren Sie Persönlichkeitstests wie Myers-Briggs oder StrengthsFinder aus. Sie sind zwar nicht endgültig, können aber interessante Einblicke in Ihre Vorlieben und Stärken bieten.

7. Freiwilligenarbeit:
Anderen zu helfen kann unglaublich erfüllend sein und Ihnen helfen, sich mit Ihren Werten und Ihrem Sinn für Ziele zu verbinden. Suchen Sie nach Möglichkeiten, die mit Anliegen übereinstimmen, die Ihnen am Herzen liegen.

8. Neue Erfahrungen:
Verlassen Sie Ihre Komfortzone. Probieren Sie neue Lebensmittel, besuchen Sie neue Orte oder nehmen Sie ein neues Hobby auf. Jede neue Erfahrung hilft Ihnen, mehr über sich selbst zu erfahren.

9. Praxis des Selbstmitgefühls:
Seien Sie freundlich zu sich selbst, während Sie wieder entdecken, wer Sie sind. Es ist in Ordnung, Fehler zu machen oder Ihre Meinung zu ändern. Du wächst und entwickelst dich, und das ist wunderschön.

10. Identitätszuordnung:
Erstellen Sie eine visuelle Karte Ihrer Person. Geben Sie Ihre Vorlieben, Abneigungen, Träume, Ängste, Stärken und Wachstumsbereiche an. Aktualisieren Sie es regelmäßig, während Sie sich weiterentwickeln.

Denken Sie daran: Sich selbst wiederzuentdecken ist eine Reise, kein Ziel. Du versuchst nicht, eine „perfekte" Version deiner selbst zu werden, sondern eine authentischere. Nehmen Sie den Prozess an und seien Sie geduldig mit sich selbst.

Umgang mit Rückschlägen

Heilung verläuft nicht immer geradlinig. Möglicherweise gibt es Tage, an denen Sie das Gefühl haben, wieder am Anfang zu stehen. Das ist normal und okay. So gehen Sie mit Rückschlägen um:

1. Erkennen Sie Ihre Gefühle an:
Es ist in Ordnung, frustriert, traurig oder wütend zu sein. Diese Emotionen sind Teil des Heilungsprozesses.

2. Kontakt aufnehmen:
Isolieren Sie sich nicht. Rufen Sie einen Freund, Ihren Therapeuten oder eine Support-Hotline an, wenn Sie Probleme haben.

3. Überprüfen Sie Ihren Fortschritt:
Schauen Sie zurück, wie weit Sie gekommen sind. Du hast schon so viel überwunden!

4. Üben Sie Selbstberuhigung:
Halten Sie für schwierige Tage ein Toolkit mit beruhigenden Aktivitäten bereit. Dazu können Lieblingsmusik, bequeme Kleidung oder eine beruhigende Tasse Tee gehören.

5. Passen Sie Ihre Erwartungen an:
Heilung braucht Zeit. Seien Sie sanft zu sich selbst
und passen Sie Ihren Zeitplan bei Bedarf an.

Vorwärts gehen

Denken Sie beim Fortsetzen Ihrer Heilungsreise
daran, dass Sie Ihr Leben zurückgewinnen. Jeder
Schritt vorwärts, egal wie klein, ist ein Sieg. Du
überlebst nicht nur; Du lernst zu gedeihen.
Erwägen Sie, ein „Siegestagebuch" zu erstellen, in
dem Sie Ihre großen und kleinen Erfolge
aufzeichnen. Haben Sie heute eine Grenze geltend
gemacht? Das ist ein Gewinn! Haben Sie eine neue
Selbstpflegeaktivität ausprobiert? Ein weiterer Sieg!

Ihre Zukunft ist rosig und voller Möglichkeiten. Sie
haben die Kraft und Belastbarkeit, ein Leben voller
echter Liebe, Respekt und Freude zu schaffen. Du
hast bereits bewiesen, wie stark du bist, indem du
dich von narzisstischem Missbrauch befreit hast.
Jetzt ist es Zeit zu gedeihen.

Denken Sie daran: Bei der Heilung geht es nicht
darum, das Geschehene zu vergessen, sondern
daraus zu lernen und dieses Wissen zu nutzen, um
eine bessere Zukunft für sich selbst zu schaffen. Sie

werden nicht dadurch definiert, was Ihnen passiert ist, sondern dadurch, wie Sie sich entscheiden, weiterzumachen.

Du hast das und du bist nicht allein. Ihre Reise der Heilung und Selbstfindung hat gerade erst begonnen und sie wird wunderschön sein. Nehmen Sie es an, feiern Sie es und seien Sie vor allem stolz auf sich. Sie machen die Arbeit, und das ist unglaublich mutig und bewundernswert.

Auf Ihre Heilung, Ihr Wachstum und Ihre glänzende Zukunft!

Kapitel 12

Machen Sie Ihre Zukunft narzisstisch sicher

Willkommen im letzten Kapitel unserer gemeinsamen Reise. Du hast es so weit gebracht und ich bin unglaublich stolz auf dich. In diesem Kapitel geht es darum, Sie zu befähigen, eine Zukunft voller echter Liebe, Respekt und Glück zu gestalten. Lassen Sie uns eintauchen und herausfinden, wie Sie Resilienz aufbauen und gesunde Beziehungen pflegen können.

Emotionale Intelligenz entwickeln: Ihre beste Verteidigung

Emotionale Intelligenz ist Ihre Superkraft beim Erkennen und Vermeiden narzisstischer Verhaltensweisen. So schärfen Sie diese Fähigkeit:

1. Selbstbewusstsein:

Beginnen Sie damit, Ihre eigenen Emotionen zu verstehen. Wenn Sie etwas spüren, halten Sie inne und benennen Sie es. Bist du wütend, traurig, aufgeregt? Warum? Diese Übung hilft Ihnen, Ihre Auslöser und Reaktionen zu erkennen.

2. Empathie-Praxis:

Versuchen Sie, die Perspektiven anderer zu verstehen, aber denken Sie daran: Empathie bedeutet nicht, Misshandlungen zu akzeptieren. Es geht um Verständnis, nicht um Entschuldigung.

3. Aktives Zuhören:

Hören Sie wirklich, was andere sagen. Warten Sie nicht einfach, bis Sie an der Reihe sind. Diese Fähigkeit hilft Ihnen, subtile Hinweise in Gesprächen zu erkennen.

4. Emotionale Regulierung:

Lernen Sie Techniken, um mit Ihren Emotionen umzugehen. Tiefes Atmen, Zählen bis zehn oder die Visualisierung eines ruhigen Ortes können Ihnen helfen, eher zu reagieren als zu reagieren.

5. Sozialkompetenz:

Üben Sie eine klare Kommunikation. Drücken Sie Ihre Bedürfnisse und Grenzen selbstbewusst aus, nicht aggressiv oder passiv.

Denken Sie daran, emotionale Intelligenz ist wie ein Muskel – je mehr Sie ihn nutzen, desto stärker wird er!

Selbstwertgefühl kultivieren: Das Gegenmittel gegen Manipulation

Ihr Selbstwertgefühl ist Ihr Schutzschild gegen Manipulation. So stärken Sie es:

1. Positives Selbstgespräch:

Fangen Sie negative Selbstgespräche auf und fordern Sie sie heraus. Ersetzen Sie „Ich bin nicht gut genug" durch „Ich lerne und wachse jeden Tag."

2. Feiern Sie Ihre Siege:

Erkennen Sie Ihre Erfolge an, egal wie klein sie sind. Sind Sie an einem anstrengenden Tag aus dem Bett aufgestanden? Das ist ein Gewinn!

3. Ziele setzen und erreichen:

Beginnen Sie mit kleinen, erreichbaren Zielen. Jeder Erfolg stärkt Ihr Selbstvertrauen.

4. Übe Selbstmitgefühl:

Gönnen Sie sich die Freundlichkeit, die Sie einem guten Freund entgegenbringen würden. Du bist ein Mensch und es ist in Ordnung, Fehler zu machen.

5. Identifizieren Sie Ihre Werte:

Wissen Sie, was Ihnen wichtig ist. Im Einklang mit Ihren Werten zu leben, stärkt die Selbstachtung.

6. Grenzpraxis:

„Nein" zu sagen zu dem, was einem nicht dient, ist ein kraftvoller Akt der Selbstliebe.

Denken Sie daran, Sie sind von Natur aus würdig. Ihr Wert wird nicht durch die Meinungen oder Handlungen anderer bestimmt.

Gesunde Liebe erkennen: Wie echte Unterstützung aussieht

Nach narzisstischem Missbrauch kann es schwierig sein, gesunde Beziehungen zu erkennen. Hier sind einige grüne Flaggen, auf die Sie achten sollten:

1. Respekt vor Grenzen:

Ein gesunder Partner respektiert Ihr „Nein", ohne Schuldgefühle auszulösen oder zu manipulieren.

2. Emotionale Verfügbarkeit:

Sie sind in guten wie in schlechten Zeiten für Sie da und bieten Ihnen echte Unterstützung.

3. Verantwortlichkeit:

Sie übernehmen die Verantwortung für ihr Handeln und entschuldigen sich aufrichtig, wenn sie Unrecht haben.

4. Förderung der Selbständigkeit:

Sie unterstützen Ihre Ziele und feiern Ihre Erfolge.

5. Ehrliche Kommunikation:

Sie gehen offen mit ihren Gefühlen um und können schwierige Gespräche respektvoll führen.

6. Konsistenz:

Ihre Worte entsprechen ihren Taten. Sie sind zuverlässig und vertrauenswürdig.

7. Gemeinsames Wachstum:

Sie inspirieren Sie dazu, Ihr Bestes zu geben, und engagieren sich auch für ihr eigenes Wachstum.

8. Akzeptanz:

Sie lieben dich so, wie du bist, nicht so, wie sie dich haben wollen.

Denken Sie daran, dass sich gesunde Liebe ruhig und sicher anfühlt. Es ist keine Achterbahnfahrt mit extremen Höhen und Tiefen.

Erstellen Sie Ihr Resilienz-Toolkit

Nachdem Sie nun gelernt haben, gesunde Beziehungen zu erkennen, bauen wir Ihr Resilienz-Toolkit auf:

1. Support-Netzwerk:

Umgeben Sie sich mit positiven, unterstützenden Menschen. Sie sind Ihre Cheerleader und Ihr Sicherheitsnetz.

2. Selbstpflegeroutine:

Priorisieren Sie Aktivitäten, die Ihren Geist, Körper und Ihre Seele nähren. Das ist nicht egoistisch – es ist notwendig!

3. Achtsamkeitspraxis:

Bleiben Sie im gegenwärtigen Moment geerdet. So vermeiden Sie, dass Sie sich Sorgen um die Zukunft machen oder die Vergangenheit bereuen.

4. Weiterlernen:

Informieren Sie sich weiterhin über gesunde Beziehungen und persönliches Wachstum. Wissen ist Macht!

5. Professionelle Unterstützung:

Zögern Sie nicht, bei Bedarf eine Therapie in Anspruch zu nehmen. Es ist ein Zeichen von Stärke und nicht von Schwäche, um Hilfe zu bitten.

6. Dankbarkeitspraxis:

Erkennen Sie regelmäßig das Gute in Ihrem Leben an. Dadurch verlagert sich Ihr Fokus von dem, was fehlt, auf das, was Sie haben.

7. Durchsetzungsvermögenstraining:

Lernen Sie, Ihre Bedürfnisse und Meinungen selbstbewusst auszudrücken. Diese Fähigkeit ist entscheidend für die Aufrechterhaltung gesunder Beziehungen.

8. Techniken zur Stressbewältigung:

Entwickeln Sie gesunde Wege, um mit Stress umzugehen, z. B. Bewegung, Meditation oder kreative Beschäftigungen.

9. Vertrauen Sie Ihrer Intuition:

Ihr Bauchgefühl hat oft Recht. Wenn sich etwas komisch anfühlt, dann ist es das wahrscheinlich auch.

10. Vergebungspraxis:

Das bedeutet nicht, schädliches Verhalten zu vergessen oder zu entschuldigen. Es geht darum, sich von der Last des Grolls zu befreien.

Vorwärts: Ihr neues Kapitel

Denken Sie am Ende dieses Buches daran, dass Sie am Anfang eines neuen Kapitels in Ihrem Leben stehen. Hier sind einige abschließende Gedanken, die Sie mitnehmen sollten:

1. Heilung verläuft nicht linear:

Es wird Höhen und Tiefen geben. Das ist normal und okay. Seien Sie geduldig mit sich selbst.

2. Du bist nicht allein:

Millionen sind diesen Weg vor Ihnen gegangen. Vernetzen Sie sich bei Bedarf mit Selbsthilfegruppen oder Online-Communities.

3. Deine Vergangenheit definiert dich nicht:

Du bist so viel mehr als das, was dir passiert ist. Ihre Zukunft ist voller Möglichkeiten.

4. Wachsen Sie weiter:

Hören Sie nie auf, etwas über sich selbst und Ihre Beziehungen zu lernen. Wachstum ist eine lebenslange Reise.

5. Vertrauen Sie dem Prozess:

Genesung braucht Zeit. Vertraue darauf, dass du jeden Tag stärker und weiser wirst.

6. Feiern Sie Ihre Fortschritte:

Schauen Sie zurück, wie weit Sie gekommen sind. Du bist belastbar, mutig und zu erstaunlichen Dingen fähig.

7. Zahle es weiter:

Wenn Sie bereit sind, denken Sie darüber nach, Ihre Geschichte zu teilen oder andere auf ähnlichen Reisen zu unterstützen. Ihre Erfahrung kann ein Licht für jemand anderen sein.

8. Schreiben Sie Ihre eigene Geschichte:

Sie haben die Macht, das Leben und die Beziehungen zu gestalten, die Sie sich wünschen. Lassen Sie nicht zu, dass vergangene Erfahrungen Ihre Zukunft einschränken.

Denken Sie daran, lieber Leser, dass Sie bisher 100 % Ihrer schlimmsten Tage überstanden haben. Du bist stärker als du denkst. Die Tatsache, dass Sie dieses Buch gelesen haben, zeigt Ihr Engagement für Heilung und Wachstum. Seien Sie stolz auf sich, dass Sie diesen Schritt getan haben.

Wenn Sie dieses Buch schließen, wissen Sie, dass Sie über Wissen, Werkzeuge und Strategien verfügen, um eine Zukunft voller echter Liebe und gesunder Beziehungen zu schaffen. Sie haben die Macht, narzisstische Verhaltensweisen zu erkennen und zu vermeiden, Ihr Selbstwertgefühl zu kultivieren und das Leben aufzubauen, das Sie verdienen.

Ihre Reise endet hier nicht – sie fängt gerade erst an. Und es wird wunderschön sein. Vertraue dir selbst, glaube an deinen Wert und gehe selbstbewusst in deine narzisstisch sichere Zukunft.

Du hast das!